DEUTSCHE FÜRSTENHÄUSER

Diese Wappen gehören
Familien, die seit Jahrhunderten
zu den »Ersten« in Deutschland zählen.

NEUER GLANZ AUF ALTEN KRONEN

Deutsche Fürstenhäuser:
ihre Geschichte, ihr Leben heute
und ihre neuen Aufgaben
in der Gesellschaft.

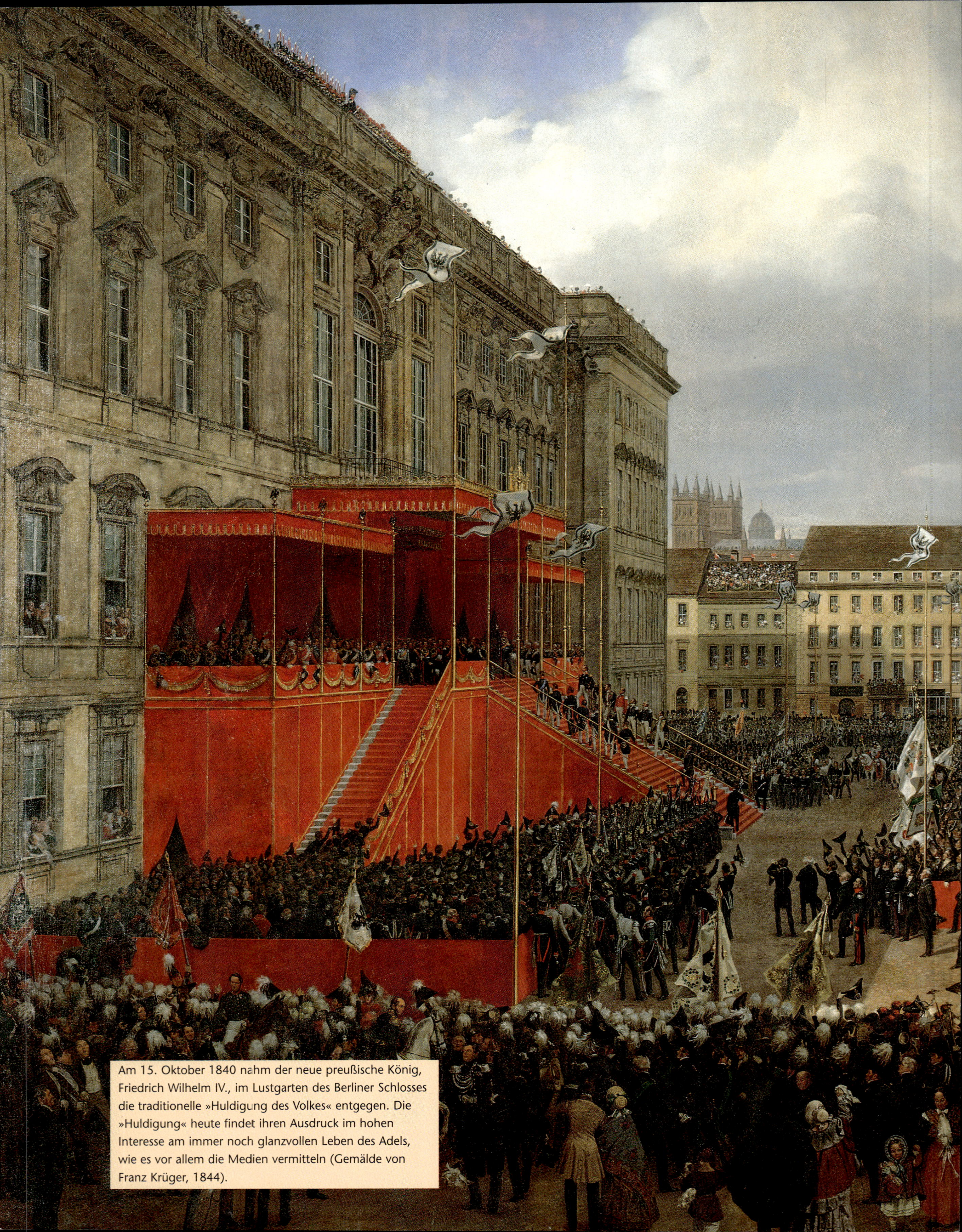

Am 15. Oktober 1840 nahm der neue preußische König, Friedrich Wilhelm IV., im Lustgarten des Berliner Schlosses die traditionelle »Huldigung des Volkes« entgegen. Die »Huldigung« heute findet ihren Ausdruck im hohen Interesse am immer noch glanzvollen Leben des Adels, wie es vor allem die Medien vermitteln (Gemälde von Franz Krüger, 1844).

DEUTSCHE FÜRSTENHÄUSER

NEUER GLANZ AUF ALTEN KRONEN

Rolf Seelmann-Eggebert • Leontine Gräfin von Schmettow

Econ

INHALT

Neuer Glanz auf alten Kronen	Seite	6
Register	Seite	140
Bibliographie	Seite	143
Impressum	Seite	144

FÜRSTLICHES HAUS

Schaumburg-Lippe

Seite 14

FÜRSTLICHES HAUS

Hohenzollern-Sigmaringen

Seite 64

FÜRSTLICHES HAUS

Fürstenberg

Seite 92

Fürstliches Haus

Bismarck

Seite 122

Königliches Haus

Preußen

Seite 30

Königliches Haus

Sachsen

Seite 108

Herzogliches Haus

Sachsen-Coburg und Gotha

Seite 78

Fürstliches Haus

Thurn und Taxis

Seite 48

Neuer Glanz auf alten Kronen

Natürlich sind sie nach dem Gesetz »Menschen wie du und ich«. Aber wenn man mit Familiennamen »Bayern«, »Sachsen« oder »Württemberg«, »Anhalt« oder »Hannover« heißt, löst das in der Regel doch eine gewisse Neugier aus. Denn weder die Weimarer Republik noch das Dritte Reich und auch nicht 50 Jahre Bonner Republik haben das Interesse an den alten deutschen Fürstenhäusern, die sich hinter diesen Namen verbergen, gänzlich tilgen können.

Schloß Charlottenburg in Berlin, prachtvolles Symbol des aufstrebenden und immer mächtiger werdenden Staates Preußen. Mit seinem Bau wurde im Jahr 1695 begonnen. 1943 wurde das Schloß bei einem Luftangriff schwer beschädigt, nach dem Krieg aber wieder aufgebaut. Heute präsentiert sich Schloß Charlottenburg wieder neu – in altem Glanz.

Oben: Der Rittersaal im Berliner Stadtschloß. Der im Zweiten Weltkrieg stark beschädigte Bau wurde 1950/51 fast vollständig abgetragen. Rechts: Der letzte Deutsche Kaiser, Wilhelm II., mit seinen Söhnen auf dem Weg über die Schloßbrücke zur kaiserlichen Geburtstagsparade am 27. Januar 1914. Wenige Monate spätebrach der Erste Weltkrieg aus.

Nach wie vor genießen die Fürstenhäuser in der deutschen Öffentlichkeit beachtliches Interesse: In der Boulevardpresse rangieren die ehemals regierenden deutschen Familien nur knapp hinter ihren europäischen Vettern und Cousinen, denen ein revolutionärer Umbruch erspart geblieben ist, so daß sie noch heute Königinnen und Könige, Großherzöge und Fürsten und damit die ranghöchsten Repräsentanten ihrer Länder oder Landesteile sind. Tatsächlich gehen von den sieben gegenwärtig regierenden Königshäusern in Europa fünf auf deutsche Fürstenhäuser zurück: Belgien und Großbritannien auf das Haus Sachsen-Coburg und Gotha, wobei sich dessen britische Verwandten nach Ausbruch des

Ersten Weltkriegs auf Druck der öffentlichen Meinung den Namen »Windsor« zulegten, Dänemark und Norwegen auf das Haus Schleswig-Holstein-Sonderburg-Glücksburg (Haus Oldenburg). Und die Königin der Niederlande, Beatrix, ist eine deutsche Prinzessin zur Lippe, ihre Mutter, Juliana, eine Mecklenburg. Aber auch in jüngerer Zeit sind die alten familiären Bande immer wieder neu geknüpft worden. So ist die letzte noch lebende Schwester des Herzogs von Edinburgh mit dem Prinzen Georg Wilhelm von Hannover verheiratet, dessen Nichte Sofia wiederum die Frau des spanischen Königs Juan Carlos ist. Benedikte, die Schwester der dänischen Königin Margarete, ist mit Prinz Richard zu Sayn-Wittgenstein-Berleburg verheiratet, Birgitta, die Schwester des schwedischen Königs Carl Gustav, mit Prinz Johann Georg von Hohenzollern. Gar nicht zu reden davon, daß sowohl die niederländische Königin Beatrix wie auch der schwedische König alle Regeln der Ebenbürtigkeit beiseite geschoben und sich deutsche Ehepartner außerhalb der Fürstenhäuser gesucht haben, den Diplomaten Claus von Amsberg in dem einen, Silvia Sommerlath, die Chefhosteß der Olympischen Spiele in München, in dem anderen Fall.

Ein Fürst – was ist das eigentlich? Von seinem Ursprung her ist der Fürst der gewählte Führer seines Volkes, lateinisch »princeps«, der »Erste« (englisch »first«), was die Administration, die Gerichtsbarkeit, das Heer und die geistlichen Belange betrifft, also eigentlich eine zutiefst demokratische Institution.

Seither hat der Begriff des Fürsten aber so viele Wandlungen durchgemacht, daß man gut beraten ist, sich an dem Drei-Abteilungen-Modell zu orientieren, das der »Gotha« ein- und das »Genealogische Handbuch des Adels« nach dem Krieg fortgeführt hat. Danach sind Mitglieder der ersten und vornehmsten Abteilung jene deutschen Fürstenhäuser, die bis zum Ende des Ersten Weltkriegs regiert haben und 1918 zum Thronverzicht gezwungen worden sind. Bis zu diesem Zeitpunkt war jeder deutsche Staatsbürger zugleich Untertan eines Königs, eines Herzogs, Großherzogs oder eines Fürsten. Denn selbst wer auf dem Territorium einer »Freien Stadt« wie Hamburg lebte, hatte einen Souverän, seit der König von Preußen am 18 Januar 1871 im Schloß zu Versailles zum Deutschen Kaiser, mithin zum Oberhaupt aller Deutschen proklamiert worden war (siehe Seite 122). Abgesehen von Preußen gab es 1918 in den Grenzen des Deutschen Reiches drei weitere Königreiche, nämlich Bayern, Sachsen und Württemberg. Am Ende des Jahres 1918 regierten überall Arbeiter- und Soldatenräte.

Ob diese Entwicklung unabwendbar wie ein Naturereignis war, darüber kann man unterschiedlicher Auffassung sein. Jedenfalls brachen im Herbst 1918, als sich die bevorstehende Niederlage der deutschen Truppen immer deutlicher abzeichnete, in Marine, Heer und unter der Arbeiterschaft Unruhen aus. Bestrebt, die Revolution aufzuhalten, legte Reichskanzler Prinz Max von Baden seinem obersten Kriegsherrn, Kaiser Wilhelm II., der sich im deutschen Hauptquartier in Belgien aufhielt, nahe, seine Abdankung und zugleich die des Kronprinzen zu erklären. Ein Regentschaftsrat sollte die Staatsgewalt für den minderjährigen Sohn des Kronprinzen übernehmen. Auch der Vorsitzende der

Oben: Der Preußenkönig Friedrich Wilhelm IV. ließ sich am 23. August 1854 im Hof der Burg Hohenzollern vom Volk huldigen. – Unten: Philipp Scheidemann rief am 9. November 1918 die Republik aus.

Die »Fürstungs-Urkunde« für Otto von Bismarck. Es gelang ihm, die deutschen Königreiche und Fürstentümer zu vereinigen. Im Jahr 1871 ließ er den preußischen König Wilhelm I. zum Deutschen Kaiser proklamieren. Zum Dank wurde er in den Fürstenstand erhoben.

gelangenden, insbesondere auch durch Frauen von einem der Söhne des

Leopold Eduard Otto
Fürsten von Bismarck

abstammenden Besitzer der Herrschaft Schwarzenbeck, und zwar unter Annahme des Wappens und Namens eines

Fürsten von Bismarck,

sofern er diesen Namen nicht schon führen sollte, übergehen soll.

Wir verleihen dem nunmehrigen

Fürsten von Bismarck

sowie dessen Nachfolgern in der Fürstenwürde, mit allen Ehren, Würden, Rechten und Gerechtigkeiten, wie solche fürstlichen Personen zustehen, das Prädikat Durchlaucht.

Zu dessen mehrerem Zeugniß haben Wir dem

Fürsten
Leopold Eduard Otto von Bismarck

Sozialdemokratischen Partei und spätere Reichspräsident Friedrich Ebert unterstützte diesen Vorschlag. Als die Abdankungserklärung ausblieb, gab Prinz Max von Baden am 9. November den Thronverzicht eigenmächtig bekannt und übertrug das Reichskanzleramt auf Ebert. Ohne dessen Kenntnis rief Stunden später Eberts Parteigenosse Philipp Scheidemann die »deutsche Republik« aus. Zutiefst erbittert reiste der Kaiser in die Niederlande, die er bis zu seinem Tod im Jahr 1941 nicht mehr verlassen sollte (siehe Seite 41). Auch die anderen deutschen Fürsten fügten sich in ihr Schicksal. Mag sein, daß die Geschichte einen ganz anderen Verlauf genommen hätte, wenn sich der Kaiser damals rechtzeitig auf den Regentschaftsrat eingelassen hätte und so die monarchische Idee zumindest als Option erhalten geblieben wäre.

Ähnlich einschneidend wie das Jahr 1918 war für viele deutsche Fürstenhäuser das Jahr 1803 (Reichsdeputationshauptschluß). Denn knapp vor dem Erlöschen des Heiligen Römischen Reiches Deutscher Nation verlor eine große Zahl fürstlicher und gräflicher Häuser ihre Reichsunmittelbarkeit und ihre Landeshoheit. Durch diese sogenannte Mediatisierung – man war nunmehr »mittelbar« zu Kaiser und Reich, nicht mehr »immediat« – gewann der Flickenteppich deutscher Klein- und Kleinststaaten eine gewisse Überschaubarkeit.

Die Häuser, die damals ihre politische Macht einbüßten, haben den Status der Ebenbürtigkeit mit den Familien der ersten Abteilung behalten und bilden als »Standesherrn« die zweite Abteilung des genealogischen Handbuchs. Die fürstlichen Häuser der dritten Abteilung hingegen zählen zum »niederen Adel«. Ihre Vorfahren sind auf Grund von Verdiensten »gefürstet« worden, ohne je Sitz oder Stimme im Reichstag des Heiligen Römischen Reiches Deutscher Nation gehabt zu haben.

Insofern gibt es Grafen, die zum hohen, und Fürsten, die zum niederen Adel gerechnet werden, ganz abgesehen davon, daß Fürsten nicht nur diejenigen sind, die auch diesen Titel führen. Fürsten sind etwa auch Kaiser und Könige, Prinzen, Herzöge, Markgrafen und Landgrafen.

Das alles ist eine Wissenschaft für sich. Festzuhalten bleibt: Öffentlich-rechtliche Privilegien begründen Titel dieser Art seit der Weimarer Verfassung nicht mehr. Adelsbezeichnungen existieren in Deutschland nur noch als Bestandteile des Namens. Gehalten haben sich Institutionen und Einstellungen: die »Hausgesetze« der Fürstenhäuser etwa, die, soweit sie nicht mit anderen gesetzlichen Bestimmungen kollidieren, bei Eheschließungen die Frage der Ebenbürtigkeit sowie das Erbe regeln; Treffen der »Hauschefs«, getrennt nach erster und zweiter Abteilung; die Vorliebe für bestimmte Internate und Berufe. Und letztlich verbindet viele Häuser auch ein Selbstverständnis, wie man es sonst nur noch in alten Familienbetrieben antrifft. Man sieht sich in einer Tradition der Generationen und versucht, für die Zukunft zu bewahren, was der Überlieferung wert ist.

Offenbar können die »Untertanen« von ehedem solchem Selbstverständnis auch heute durchaus noch etwas abgewinnen. Für viele Bückeburger ist ein Volksfest ohne »ihren« Fürsten, Philipp-Ernst zu Schaumburg-Lippe, nicht komplett. Das »Hochfürstliche Durchlaucht« kommt ihnen ebenso selbstverständlich über die Lippen wie den sozialdemokratischen Ministern der niedersächsischen Landesregierung.

Die Bückeburger haben mit der fürstlichen Familie getrauert,

Nahezu komplett erhaltene Bände des »Gotha« im Archiv des Verlags Klett-Perthes in Gotha. In dem bis 1944 vom Justus Perthes Verlag herausgegebenen Werk sind alle deutschen Adelshäuser aufgeführt. Als aktuelles Verzeichnis erscheint heute das »Genealogische Handbuch des Adels«, das regelmäßig auf den neuesten Stand gebracht wird.

Die Felduniform des letzten Deutschen Kaisers, Wilhelm II. Unter starkem öffentlichen Druck dankte er am 9. November 1918 ab; nicht er selbst, sondern Reichskanzler Prinz Max von Baden gab den Thronverzicht bekannt. Wilhelm II. ging nach Holland ins Exil, wo er 1941 starb.

Stolze Eltern – und Großeltern: Erbprinz Alexander und Erbprinzessin Lilly zu Schaumburg-Lippe präsentieren ihren 1994 geborenen Sohn Donatus. Links im Bild Lillys Mutter, Prinzessin Annette zu Sayn-Wittgenstein-Berleburg, rechts Fürst Philipp-Ernst und Fürstin Benita zu Schaumburg-Lippe.

als der Erbprinz bei einem Motorradunfall ums Leben kam, und mit dessen Bruder gefeiert, als er Prinzessin Marie-Louise zu Sayn-Wittgenstein-Berleburg, genannt »Lilly«, zur Braut nahm. Sie betrachten das Schloß wie ihre gute Stube und sind stolz, wenn Besucher entsprechend beeindruckt sind. Daß Fürstin Benita viel für die alten Menschen in Bückeburg tut und als Mäzenatin Schloßkonzerte organisiert, davon wird kein Aufhebens gemacht. Es war ja schon immer so ...

Neuer Glanz auf alten Kronen? Gewiß sind die Menschen immer für Märchen zu haben gewesen, in denen ein Prinz eine wunderschöne Prinzessin heiratet, in denen goldene Teller auf üppig gedeckten Tafeln den warmen Kerzenglanz widerspiegeln – Boulevardzeitungen schwelgen in solchen Bildern. Aber das Interesse an den ehemals regierenden Häuser scheint noch tiefer zu gehen. Könnte es sein, daß der eine oder andere doch wieder die Verwurzelung in der eigenen Region entdeckt, gerade weil so viel von Euro und Globalisierung die Rede ist? Könnte es sein, daß in einer Zeit, in der sich alles so schnell verändert, die Sehnsucht nach Kontinuität und nach Vorbildern wächst? Könnte es sein, daß die alten Fürstenfamilien in solchen Zusammenhängen an Attraktivität gewinnen, zumal sie eben – entgegen dem Zeitgeist – in der Regel die Aufmerksamkeit der Öffentlichkeit nicht suchen, nicht jede Mode mitmachen und Reichtum auch als Verantwortung gegenüber den sozial Unterprivilegierten, gegenüber Kunst und Wissenschaft begreifen? Könnte es sein, daß nach 50 Jahren Wiederaufbau, Geldverdienen, Freizeitgesellschaft wieder ein gewisser »Stil« gefragt ist, der nicht nur mit Äußerlichkeiten, sondern auch mit Inhalten und Gesinnung zu tun hat? Gesicherte Antworten auf diese Fragen gibt es nicht. Und natürlich erst recht keinerlei Verherrlichung. Viele Häuser haben eine wichtige Rolle im Widerstand gegen den Nationalsozialismus gespielt. Gleichzeitig waren andere auch dessen Stützpfeiler. Einige haben sparsam gewirtschaftet und neue Arbeitsplätze geschaffen. Andere haben mit ihrem Reichtum geprotzt und das Geld zum Fenster rausgeworfen – »Menschen wie du und ich« eben, nicht nur nach dem Gesetz. Aber vielleicht kann sich der Leser eher einen Reim darauf machen, wenn er sich näher mit den hier beschriebenen Familien befaßt.

Nicht alle Fürstenhäuser, die wir zu unserer Porträtreihe eingeladen haben, waren auch bereit, uns zu empfangen. Schlechte Erfahrungen mit den Medien, Angst vor Sozialneid, Sorge vor Entführungen, vor Erpressungen – das waren Argumente, mit denen wir uns auseinandersetzen mußten. Um so dankbarer sind wir den Familien, die uns am Ende Einblick in ihr Leben gewährt haben. Trotz vieler Gemeinsamkeiten hat jedes Fürstenhaus seine sehr individuelle Ausprägung. Insofern kann es wohl eine repräsentative Auswahl kaum geben. Aber wir haben uns bemüht, möglichst viele Facetten der Häuser einzufangen.

Dieses Buch wäre nicht entstanden, wenn sich der Norddeutsche Rundfunk nicht entschlossen hätte, anknüpfend an seine Fernseherfolge »Europäische Königshäuser« und »Königskinder« auch eine Serie über die deutschen Fürstenhäuser zu entwickeln. Maßgeblich daran beteiligt waren István Bury, der schon bei den beiden anderen Serien Regie führte, Antonie Eickelberg, die sich bei allem Enthusiasmus für das Thema immer auch eine gesunde »bürgerliche« Distanz bewahrte, und als Redakteur der Reihe Dr. Jürgen Meier-Beer. Ihnen vor allem gilt unser Dank, aber auch den vielen Kolleginnen und Kollegen der Produktion, die nötig sind, um eine Idee in einen sendefertigen Film umzusetzen.

Leontine Schmettau

Viele Mitglieder der deutschen Fürstenhäuser engagieren sich im Malteserorden. Seine Geschichte geht bis in das Jahr 1099 zurück, als der Erste Kreuzzug ausgerufen wurde. Im 16. Jahrhundert teilte sich der Orden in die protestantischen Johanniter und die katholischen Malteser. Der Malteserorden hat seinen Sitz in Rom und wird von 34 Staaten als souverän anerkannt.

Mitgliederversammlung des Malteserordens in München. Die Ordensritter fühlen sich bis heute der Hilfe für Kranke und Arme verpflichtet.

FÜRSTLICHES HAUS

Schaumburg-Lippe

Um 1300 erbauten die Schaumburger Grafen am Rande der Bückeberge eine Wasserburg und nannten sie »Bückeburg«. Im Lauf der Jahrhunderte entstand um sie herum die heutige Stadt Bückeburg, Residenz der Fürsten zu Schaumburg-Lippe. Der berühmteste Vertreter dieser Familie ist Graf Wilhelm: Freund von Friedrich dem Großen und der schönen Künste sowie ein bedeutender Militärtheoretiker.

Der große Festsaal im Schloß Bückeburg, der Residenz der Fürsten zu Schaumburg-Lippe.

Erbprinz Alexander und Prinzessin Marie-Louise. »Lilly« ist eine geborene Prinzessin zu Sayn-Wittgenstein-Berleburg.

Bis 1918 galt **SCHAUMBURG-LIPPE** *als der deutsche Kleinstaat schlechthin. Aber sein Fürstenhaus hat gut gewirtschaftet und eine populäre Prinzessin: Lilly.*

Der 34jährige Erbprinz Alexander und die 20 Jahre alte Prinzessin Lilly auf dem Weg zur Trauung am 29. August 1993. – Unten: Lilly läßt sich schön machen für die Hochzeit.

Sie war aufmüpfig, provozierend, schockierend – und sie liebte es. »Das fing so etwa mit fünfzehn an«, sagt Prinzessin Marie-Louise zu Schaumburg-Lippe. Den Titel einer Prinzessin trug »Lilly« schon damals, aber das war der Tochter des Prinzen Otto Ludwig zu Sayn-Wittgenstein-Berleburg herzlich egal. Man sah es ihr auch an: Ihre Röcke waren immer ein bißchen zu kurz und die Farben immer ein bißchen zu schrill. »Aber es gab da noch schlimmere Sachen!« Lilly muß lachen, wenn sie an diese Zeit denkt. »Zerrissene Jeans mit altem Schlabber-T-Shirt und die John-Lennon-Brille zum Beispiel. Außerdem bin ich mit sechzehn eine Weile barfuß durch die Gegend gelaufen, egal, wo ich war. Natürlich war man schockiert, ganz klar.« Einige ihrer Tanten bekamen ganz schmale Lippen, wenn sie Lilly erklärten: »Ein junges Mädchen aus deinen Verhältnissen darf sooo nicht herumlaufen!«

Die Eltern sahen das nicht gar so streng. »Die haben da eine natürliche Balance reingebracht, was ich ihnen wirklich zugute halte«, sagt Lilly.

»Wir sind sehr bodenständig aufgewachsen. Mein Vater war in der Autobranche tätig, und wir sind mehrmals umgezogen. Wir lebten in einem wunderschönen großen Herrenhaus im Sauerland, dann aber auch wieder in einem einfachen Reihenhaus.« Zurückblickend muß Lilly ihren Eltern ein dickes Kompliment machen: »Im Grunde genommen haben sie ihre Sache ganz toll gemacht!«

Aber mit 15 Jahren hat man einen anderen Blickwinkel, und Lilly dachte gar nicht daran, sich irgend jemandem zuliebe »anständig aufzuführen«.

Gewiß, das in diesem Alter übliche Maß an Rebellentum spielte dabei wohl auch eine Rolle. Doch Lilly ging in dieser Hinsicht so weit, daß sogar ihre Klassenkameradinnen anfingen, darüber zu sprechen, wie flippig sie angezogen war.

Es war mehr als nur Protest. Noch unbewußt suchte Lilly nach einer Form, die ihrer Persönlichkeit einen sichtbaren Ausdruck geben sollte – um sie überhaupt erst einmal selbst

»Schaumburg-Lippe ist sehr klein. Aber es ist nicht wahr, daß alle Kegelbahnen im Lande gekrümmt seien, weil sie sonst innerhalb des Landes keinen Platz finden würden!«

Hermann Löns

Die Trauung fand in der barocken Stadtkirche statt. Draußen warteten mehr als 20 000 Bückeburger, um dem Prinzenpaar Glück zu wünschen.

Die glücklichen Eltern des Bräutigams: Fürst Philipp-Ernst und Fürstin Benita zu Schaumburg-Lippe.

Erbprinz Alexander und Prinzessin Lilly mit Familie. Links im Bild: Fürst Philipp-Ernst, Chef des Hauses, und Fürstin Benita. Die beiden lernten sich in der Studienzeit kennen und heirateten 1955. Hinter Lilly ihre Eltern, Prinz und Prinzessin zu Sayn-Wittgenstein-Berleburg, und ihre Geschwister.

Rechts: Lilly als Mutter – im Jahr 1994 kam Sohn Donatus zur Welt.

zu erkennen. Das war der Anfang einer schwierigen und langwierigen Suche, die sie später dann auch in eine Krise führen sollte.

Eine wichtige Station auf ihrem Weg war das Internat. »Mein Vater war dagegen. Keiner meiner vier Geschwister ging auf ein Internat. Aber ich hatte es mir in den Kopf gesetzt«, erzählt Lilly.

Die Familie plante gerade wieder einmal umzuziehen, und das hätte für Lilly bereits den siebten Schulwechsel bedeutet. Lilly quengelte so lange, bis der Vater nachgab und sie auf das Mädchen-Internat »Kloster Wald« am Bodensee schickte. »Ich habe

an diese Jahre natürlich auch negative Erinnerungen, aber vor allem positive. Ich möchte diese Zeit nicht missen. Ich habe im Internat gelernt, meinen eigenen Weg zu gehen, aber dabei auch auf andere Menschen zu achten. Irgendwie ist doch jeder von anderen Menschen abhängig, und man muß mit ihnen klarkommen.«

Sie war 18, als sie Prinz Alexander zu Schaumburg-Lippe kennenlernte. »Das war auf einem Fest beim Fürsten Wied. Nein, Liebe auf den ersten Blick war es wohl nicht. Wir haben uns lange unterhalten und uns sehr gut verstanden. Aber er war vierzehn Jahre älter als ich, und ich

ging damals noch zur Schule. Er dachte, sie ist viel zu jung, und ich dachte, er ist viel zu alt.«

Das war es dann auch – fürs erste.

Wen sie da kennengelernt hatte, beschäftigte sie nicht sonderlich. »Na schön, daß er nicht Herr Müller war, das wußte ich. Aber was der Name Schaumburg-Lippe bedeutete und welche Tradition dahintersteht, davon hatte ich keine Ahnung.«

Es interessierte sie auch nicht, Prinzen spielten in ihrem Lebensprogramm keine Rolle. »Ich wollte einen Mann heiraten, den ich liebe, egal, woher er kommt und egal, was er ist.«

Auch Alexanders Lebensprogramm hatte zunächst ganz anders ausgesehen. »Für mich war immer klar gewesen: Ich will Journalist werden. Das war mein Traumberuf, schon mit zehn Jahren. Damals brachte ich mir selbst bei, auf der Schreibmaschine zu schreiben, machte kleine Hauszeitungen für meine Eltern in den Ferien. Dann kam die Schülerzeitung, später arbeitete ich als Volontär bei einer Lokalzeitung. Ich konnte mir gut vorstellen, in diese Richtung weiterzugehen.« Vielleicht wäre auch eine musikalische Karriere in Frage gekommen, denn Alexander ist ein leidenschaftlicher Klavierspieler. Bis zu seinem 17. Lebensjahr spielte er Klassik, seitdem nur noch Jazz.

Aber alles änderte sich von einem Tag zum anderen, als sein älterer Bruder, Erbprinz Georg Wilhelm, im Jahr 1983 bei einem Motorradunfall ums Leben kam.

Jetzt war Alexander der Erbprinz, und als künftiger Chef des Hauses mußte er sich darauf

Links: Die stolzen Eltern – Erbprinz Alexander und Prinzessin Lilly mit ihrem Sohn Donatus.

Unten: Die »wilde Lilly«. Nach der Klosterschule hatte sie einen großen Nachholbedarf. Lilly war bei jeder Party dabei. »Ich habe getanzt wie eine Bescheuerte.«

Unten: Lilly empfängt die Windsors – aber nicht wirklich. Die hohen Herrschaften sind Schauspieler in der Hape-Kerkeling-Satire »Willi und die Windsors«. Hauptdarsteller sind Brigitte Mira (sitzend) und (hinter ihr) Charles Brauer.

vorbereiten, eines Tages die Leitung des Familienunternehmens Schaumburg-Lippe zu übernehmen. Dies bedeutete: Abschied von seinem geliebten Traumberuf.

Das Jurastudium, mit dem Prinz Alexander eigentlich die solide Grundlage für eine spätere Medienkarriere schaffen wollte, wurde nun ein Teil seiner Ausbildung als Manager einer florierenden »Firma«.

Immerhin zählt Schaumburg-Lippe zu den sehr wohlhabenden Adelsfamilien in Deutschland. Rund dreißig Mitarbeiter beschäftigt das fürstliche Unternehmen, zu dem unter anderem zwei Schlösser, eine Burg und das Jagdschlößchen Baum gehören, große Teile des Schaumburger Waldes, Domänen und 7000 Hektar Wald in Österreich.

Bei seiner ersten Begegnung mit Lilly erging es Alexander ganz ähnlich wie ihr: Er genoß die Unterhaltung mit diesem quirligen, 18jährigen Mädchen, aber an viel mehr dachte er noch nicht – der Gedanke an den Altersunterschied wirkte wie eine Bremse. Ein Jahr verging, bis die beiden sich wieder trafen. Und erst jetzt begann eine Romanze, wie sie im Märchenbuch steht: Reicher Prinz umwirbt junge, schöne Prinzessin und führt sie heim auf sein Schloß.

Am 29. August 1993 erstrahlte das Schloß Bückeburg in fürstlichem Glanz. Fast der gesamte deutsche Adel versammelte sich hier, um das Ereignis des Jahres zu feiern: die Hochzeit des 34jährigen Erbprinzen Alexander zu Schaumburg-Lippe

Prinzessin Lilly in illustrer Gesellschaft mit (von links) Showmaster Harald Schmidt, Michail Gorbatschow und dem Münchner Modezaren Rudolph Moshammer.

Oben: Lilly und Alexander mit Kabarettist Hape Kerkeling.

Fürst Philipp-Ernst vor der »Goldenen Pforte« in Schloß Bückeburg. Der Fürst hat sich neben seinem sozialen Engagement besonders für die Förderung von Kunst und Musik eingesetzt.

Wilhelmstein
Die Festung im Wasser

Graf Wilhelm baute im Steinhuder Meer eine Festung, die uneinnehmbar sein sollte. Er behielt recht.

Er hatte nicht die geringste Lust, nach Bückeburg zu gehen. Graf Wilhelm war gerade dabei, sich in London auszutoben, und wie in allem, war er auch darin gründlich. So sehr, daß Kaiserin Maria Theresia abwinkte, als er sich bei ihr als Offizier bewarb; einen Mann mit derart miserablem Ruf wollte sie nicht in ihrer Armee. Also ging er schließlich doch nach Bückeburg – und wurde ein großer Fürst mit einem viel zu kleinen Land.

Sein Ehrgeiz lag darin, eine uneinnehmbare Festung zu bauen. So ließ er im Jahr 1762 mitten im Steinhuder Meer eine künstliche Insel anlegen. Auf ihr entstand die Festung Wilhelmstein, auf der eine Reihe kriegstechnischer Experimente durchgeführt wurden. Unter anderem auch mit einem Tauchboot, dem legendären »Steinhuder Hecht«, das als erstes deutsches U-Boot im Steinhuder Meer seine Proberunden drehte. Berühmt wurde die Festung aber vor allem dadurch, daß der preußische General Scharnhorst die dortige Militärschule besuchte.

Bis heute hat der Wilhelmstein alle Bewährungsproben überstanden.

Bereits 1787 versuchten die Hessen, das kleine Fürstentum zu schlucken; sie scheiterten aber an der Festung, die sie nicht erobern konnten. Inzwischen hatte Fürstin Juliane, die junge Frau von Graf Wilhelms Nachfolger Philipp-Ernst, die Regentschaft angetreten. Angesichts der hessischen Invasion

mobilisierte sie die Bundesgenossen im Reich. Die Hessen wurden zum Abzug gezwungen, und so kehrte die lebenslustige Witwe in ihr Fürstentum zurück.

Auf dem Wilhelmstein ist es inzwischen ruhig geworden; heute ist die Festung vor allem ein Touristenziel. Im übrigen hat Graf Wilhelm auch für den kulturellen Ruf Bückeburgs etwas geleistet: Er holte Johann Gottfried Herder und einen Sohn Johann Sebastian Bachs an seinen Hof, der seitdem der »Bückeburger Bach« heißt.

Festung Wilhelmstein im Steinhuder Meer. Rechts: Fürstin Juliane liebte die Liebe und rauschende Feste. Unten: Lilly und Alexander auf der Insel im Steinhuder Meer.

Das Ehepaar Alexander und Lilly – zu Hause und ganz privat.

und der 20jährigen Prinzessin Marie-Louise zu Sayn-Wittgenstein-Berleburg.

Fürstin Gloria von Thurn und Taxis war gekommen, ebenso wie der Erzherzog von Österreich, die Herzöge von Württemberg und Schleswig-Holstein, die Prinzen und Prinzessinnen von Hannover, Hohenzollern und Fürstenberg sowie die Fürsten und Fürstinnen zu Leiningen, Löwenstein und Isenburg ... und mehr als 20 000 Menschen jubelten dem neuen Paar zu, als es nach der Trauung die Stadtkirche von Bückeburg verließ.

Durch die Heirat begann für Lilly ein ganz neues Leben: »Nach sechseinhalb Jahren Kloster hatte ich einen ungeheuren Lebensdrang. Und da war nun auf einmal die große, weite Welt mit reichen, schönen Menschen, und ich mußte alles sehen – alles, alles – und alles sofort! Alexander wußte das, und er ließ mich gewähren. Denn er ist ein kluger Mann.«

Wo immer der Jet Set sich traf, Lilly war dabei. Sie reiste »wie eine Bescheuerte« von einer Party zur anderen. Nun gehörte auch sie zur Welt der Schönen und Reichen, mehr noch, sie war in ihr beliebt und anerkannt, jeder klatschte ihr begeistert Beifall.

Und die Presse jubelte über den neuen Paradiesvogel, der auf Tischen tanzte, Zigarre rauchte und sich in schrillem Outfit zeigte und drehte und dabei lachte und, so schien es, vor Lebensfreude nur so sprühte.

Für eine Weile dachte Lilly wohl selber, dies sei ihre Welt, zumal sie ihr das denkbar beste Forum bot, sich als das zu präsentieren, wovon sie so lange geträumt hatte: Lilly, die Mode-Designerin. »Ich war schon immer verrückt nach Klamotten. Mit neun Jahren habe ich versucht, mein erstes Kleid zu nähen, mit vierzehn machte ich mein erstes Design, und als im Internat eine Schneiderlehre angeboten wurde, da habe ich natürlich

Erbprinz Alexander und seine Mutter, Fürstin Benita.

Lilly, die Mode-Designerin. Ihr Name half ihr, in die Modeszene hineinzukommen. Aber es ist nicht leicht, unter den Haifischen dieser Branche zu überleben.

sofort zugegriffen.« Jetzt, als Prinzessin zu Schaumburg-Lippe, hatte sie das Geld, um ihren Traum wahrzumachen – und das Publikum, das ihr gerne dabei zusah und applaudierte.

Das Besondere, Ausgefallene wollte sie kreieren, aber auch das Einfache, Schlichte – beispielsweise einer Silberhochzeit in Bückeburg angemessen. Sie gründete eine Firma und stürzte sich sofort in die Arbeit. Ihre Kollektion reichte von der 6000 Mark teuren Abendrobe bis zum einfachen 250-Mark-Kleid. Lilly war in ihrem Element, und sie glaubte, endlich ihren Weg gefunden zu haben.

Rechts: Lilly mit Top-Model Claudia Schiffer. – Unten: Die Prinzessin präsentiert ihre Kollektion.

Im Jahr 1994 kam ihr Sohn Heinrich Donatus zur Welt. Lilly, die Prinzessin und Geschäftsfrau, war nun auch Mutter – und auch darin wollte sie perfekt sein.

»Ich wollte in allem perfekt sein«, sagt Lilly. »Ich wollte die perfekte Ehefrau sein, die perfekte Mutter, Schwiegertochter, Managerin, Gastgeberin, Freundin ...« Und die perfekte Prinzessin, die ihre gesellschaftlichen und sozialen Aufgaben vorbildlich erfüllt.

Jeder wäre damit überfordert gewesen. Lilly bekam es mehr und mehr zu spüren. Zudem mußte sie erkennen, daß sie zwar dank ihres Namens in der Modewelt Aufmerksamkeit erregt

hatte, daß es aber eine ganz andere Sache ist, in dieser Branche mit ihrem schonungslosen Wettbewerb auch zu überleben, geschweige denn in der ersten Reihe zu sitzen und mitzuspielen.

Lilly sah, daß nichts ihrem Perfektionismus genügte, daß alles ins Normale zerrann. »Es war eine katastrophale Niederlage.«

Sie erlitt einen Nervenzusammenbruch. Es wurde immer schlimmer, deshalb entschloß sich Lilly zu einer dreimonatigen Therapie in der Psychosomatischen Klinik in Bad Pyrmont.

»Ich mußte das tun, denn ich wußte, irgendwo fehlt mir der Kanal zu mir selbst.«

Lilly, ein Paradiesvogel mit gebrochenen Flügeln – für die Presse ein gefundenes Fressen. Von Drogenentzug war die Rede, von Magersucht, von wilden Affären und Ehekrise.

»Alles Unsinn«, sagt Lilly. »Aber eines hat mich wirklich verletzt: Nur wenige vertraute Menschen wußten von der Therapie. Einer hat mich verraten, das war eine tiefe Enttäuschung.«

Nach der Therapie wollte sie Abstand gewinnen, auch räumlich, um besser zu sich selbst zu finden. Lilly zog mit ihrem Sohn nach London, »in diese große, stinkende, hektische Stadt«. Dort lebte sie in einer Dreizimmerwohnung und lernte wieder das normale Leben. Dazu gehörte auch, unerkannt und ohne Bevorzugung in der Schlange im Supermarkt zu stehen und die Einkaufstüten allein nach Hause zu schleppen.

Sie brauchte diese Zeit, sagt sie. Ein wenig Zeit, um Wunden heilen zu lassen; Zeit auch, sich über ihre Position klarzuwerden.

Dann kehrte sie zurück nach Bückeburg, »in das ruhige, schöne Zuhause, in dem ich meine Seele baumeln lassen kann«. Und sie akzeptierte: Sie ist Prinzessin – dazu erhoben von uralter Tradition. Die Frage ist: Wenn es nicht bloß ein hohler Titel sein soll, welche Funktion, welche Aufgabe hat dann eine Prinzessin in der heutigen Gesellschaft?

Lilly sagt: »Besonders am Herzen liegen mir die ›Deutsche Multiple Sklerose Gesellschaft‹ und die Kinder- und AIDS-Organisation hier in Niedersachsen. Bei der Arbeit mit diesen Organisationen ist mir erst bewußt geworden, wie wenig kranke und behinderte Menschen heute in unserer Gesellschaft Beachtung finden und wie wenig ihnen geholfen wird. Mir ist auch bewußt geworden: Ich bin Mitglied eines Fürstenhauses und werde deshalb von den Medien beachtet. Ich kann etwas tun, was nicht jedem möglich ist – ich kann in die Öffentlichkeit treten und sprechen. Und man hört mir zu!«

Lilly weiß nun: »Ich habe die Möglichkeit, auf die Probleme dieser Menschen aufmerksam zu machen. Ich kann erklären, ich kann Verständnis wecken und auf diese Weise mithelfen, die Ignoranz abzubauen.«

Für jene das Wort zu ergreifen, die keine eigene Stimme haben, für jene öffentlich zu sprechen, denen kaum jemand Gehör schenkt – das wäre ein guter Weg. Und eine schöne Aufgabe für eine Prinzessin heute.

Als Lilly und Alexander heirateten, da war wohl niemand – außer dem Paar selbst – glücklicher als der Fürst und die Fürstin zu Schaumburg-Lippe. Glücklich – und erleichtert. Fürst Philipp-Ernst, der seit 1962 Chef des Hauses ist, hatte bereits begonnen, seine Aufgaben schrittweise auf Alexander zu übertragen. Nun war

Lillys Kollektion bietet die Abendrobe für 6000 Mark, aber auch das einfache Kleid für 250 Mark.

Beste Freunde: Alexander und Sohn Donatus.

Den Japanern gefiel Schloß Bückeburg so gut, daß sie in Hokkaido eine Kopie des 1304 erstmals erwähnten Gebäudes errichteten. Ganz links: Die Schloßkapelle. Links: Das Mausoleum, 1911 erbaut von Fürst Adolf, dem letzten regierenden Fürsten.

REGENTEN

1366 – 1404
Graf Otto I.

1498 – 1527
Graf Anton IV.

1560 – 1563
Graf Otto IV.

1601 – 1622
Graf Ernst

1648 – 1681
Graf Philipp
zur Lippe

1748 – 1777
Graf Wilhelm

1777 – 1787
Graf Philipp-Ernst

1807 – 1860
Georg Wilhelm
erster Fürst von
Schaumburg-Lippe

1893 – 1911
Fürst Georg

1911 – 1918
Fürst Adolf
dankte 1918 ab

eine neue Frau, Lilly, ins Haus gekommen, die seinen Sohn unterstützen und Fürstin Benita bei den zahlreichen Verpflichtungen des Hauses entlasten konnte.

Fürstin Benita, aus dem gräflichen Hause von Tiele-Winckler, heiratete im Jahr 1955 den damals 27jährigen Erbprinzen, was ihrem Leben eine völlig neue Wendung gab.

»Ich hatte immer davon geträumt, wie Madame Curie die Nächte durchzuarbeiten und eine maßgebliche Entdeckung zu machen.«

Zielstrebig arbeitete sie an diesem Traum: mit 16 Abitur, dann naturwissenschaftliches Studium als Werkstudentin, da sie aus dem Osten geflüchtet war. »In den Semesterferien habe ich übrigens mit Prinz Claus der Niederlande in derselben Autoreparaturwerkstatt gearbeitet«, erzählt die Fürstin, »und manchmal gingen wir abends auch zusammen aus, zum Beispiel ins Kino.«

Ihr Ziel, eine wissenschaftliche Entdeckung zu machen, erreichte sie tatsächlich. »Ich fand eine Substanz, die das Erbgut vor Mutationen schützt. Das war zu dieser Zeit ziemlich interessant, weil bis dahin nur eine einzige solche Substanz bekannt war, und die hatte man in Amerika entdeckt.«

Fürstin Benita nahm diese Forschungsergebnisse zum Thema ihrer Dissertation und erhielt dafür »summa cum laude«, höchstes Lob. Vor ihr lag eine vielversprechende Karriere. Das Max-Planck-Institut machte der Wissenschaftlerin gleich zweimal attraktive Angebote.

Aber sie entschied, all dies aufzugeben, und heiratete Erbprinz Philipp-Ernst. Kennengelernt hatten sich die beiden auf der Hochzeit des Fürsten zu Castell-Castell in Arolsen. Der Erbprinz studierte zu dieser Zeit Volkswirtschaft in Freiburg.

Als er 1962 Chef des Hauses wurde, übernahm er die Leitung der familieneigenen Unternehmen. Doch Fürst Philipp-Ernst war nicht nur wirtschaftlich erfolgreich.

Er förderte auch Kunst und Musik und engagierte sich in gemeinnützigen Vereinen – ohne sich in parteipolitische Diskussionen hineinziehen zu lassen. Und immer stand ihm dabei seine Ehefrau Benita zur Seite.

Die Fürstin erinnert sich: »Als ich nach Bückeburg kam, wurde ich sofort unter anderem

Oben: Lilly fragt Londoner Polizisten, wo's langgeht. Hier in London lernte die Prinzessin das normale Leben – Schlangestehen vor der Kasse im Supermarkt inklusive.
Rechts: Das Fahren auf einem Tandem will gelernt sein. Alexander und Lilly mühen sich.

Adel verpflichtet – in den USA ganz besonders: Lilly und Alexander in einer Nobelkarosse auf dem Weg zu einer Mode-Präsentation in New York.

in den Vorstand eines Heimes für psychisch behinderte Kinder und in den Vorstand des evangelischen Altersheims gewählt. Daß meine neuen Aufgaben nichts mit meiner Ausbildung zu tun hatten, hat mich nicht gestört. Es ging mir nicht um Selbstverwirklichung – sondern vielmehr darum, das zu tun, was in diesem Augenblick am wichtigsten war und wo ich am dringendsten gebraucht wurde.«

Wenn zum Beispiel die Internationale Musikakademie für Solisten alljährlich für eine Woche aufs Schloß kommt, dann sorgt die Fürstin dafür, daß auch die alten Menschen, um die sie sich in Bückeburg kümmert, zu dem Konzert eingeladen werden.

All diese Aktivitäten sind Teil der Tradition des Hauses Schaumburg-Lippe. »Aber an Tradition habe ich dabei nie gedacht«, sagt Fürstin Benita. »Ich tue es, weil die Menschen in Bückeburg mir am Herzen liegen.«

Die Bevölkerung weiß das Engagement des Fürstenpaares zu würdigen. »Wir haben nie erwartet, daß wir irgend etwas zurückbekommen«, sagt die Fürstin. »Aber jetzt, wo mein Mann sehr krank ist, geschieht es. Als zum Beispiel mein Mann neulich beim Bürgerschützenfest in der Kutsche durch die Stadt gefahren wurde, haben ihm die Menschen am Straßenrand immer wieder Blumen in die Kutsche gereicht. Das hat uns zutiefst berührt.

In diesem Augenblick habe ich gedacht, daß die Menschen hier das Haus Schaumburg-Lippe und die Familie vielleicht doch zumindest ein wenig als Teil ihrer regionalen Identität betrachten. Wenn es so ist, dann ist dies einzig und allein das Verdienst meines Mannes. Und es ist sein Erbe, das er an unsere Kinder weitergibt.«

Die Geschichte des Fürstentums

Um 1300 erbauten die Schaumburger Grafen am Rand der Bückeberge die Bückeburg. Graf Otto IV. verlegte 1560 seinen Hof von Stadthagen nach Bückeburg und begann, die Stadt auszubauen. 1601 trat Graf Ernst die Regentschaft an, ein gebildeter und kunstliebender Mann. Er baute eine Universität in Rinteln, ließ das Schloß erweitern und holte Künstler und Musiker an seinen Hof. Im Westfälischen Frieden von 1648 wird die Teilung der Grafschaft festgelegt: Graf Philipp zur Lippe erhält unter anderem das Amt Bückeburg, das ist der Beginn der Grafschaft bzw. des Fürstentums von Schaumburg-Lippe. Graf Wilhelm, der 1762 die Festung Wilhelmstein erbauen ließ, beeinflußte mit seinen Ideen die Militärtheorie. Seine Maxime »Kriege nur zur Verteidigung führen« hat auch heute in der Bundeswehr Gültigkeit. Graf Georg Wilhelm nahm 1807 den Fürstentitel an: Als Napoleon ihn mit »Mon Prince« anredete, ließ der Graf dies sofort zu Protokoll nehmen. Seitdem gibt es die Fürsten zu Schaumburg-Lippe. Fürst Georg ließ um 1900 das Schloß großzügig im Stil der Neorenaissance erweitern. Der letzte regierende Fürst war Fürst Adolf. Er dankte 1918 ab, behielt aber sein Privatvermögen sowie Schloß und Grundbesitz. So gehört Schaumburg-Lippe heute noch zu den wohlhabendsten Fürstenhäusern in Deutschland.

Preußen

Sie lebten ursprünglich in Schwaben. Ihr Aufstieg begann, als der erste Hohenzoller im 15. Jahrhundert nach Norden zog und ein Preuße wurde. Als Kurfürsten, Könige und Kaiser machten sie Preußen zu einer Großmacht. Friedrich der Große ist eines der berühmtesten Familienmitglieder. Kaiser Wilhelm II. war der letzte Herrscher. Er dankte 1918 ab. Doch der Anspruch auf die Krone besteht bis heute.

Wilhelm II., der letzte Deutsche Kaiser, und sein Ur-Ur-Enkel: Prinz Georg Friedrich (geb. 1976) ist seit 1994 Chef des Hauses Hohenzollern.

Kronprinz Friedrich Wilhelm 1925 (Mitte) mit den Söhnen Prinz Wilhelm (li.) und Prinz Louis Ferdinand, der seinem Vater als Chef des Hauses folgte.

Wenn im Jahr 1918 nicht soviel »schiefgelaufen« wäre, dann hätten die PREUSSEN noch immer die Macht. Und in Berlin säße Kaiser Georg Friedrich I.

Im August 1991 nahm die Preußen-Familie Abschied von den Königen Friedrich Wilhelm I. und Friedrich II. Nach dem Fall der Mauer konnten ihre Särge von der Burg Hohenzollern wieder nach Potsdam gebracht werden.

Oben und rechte Seite: Friedrich II., der Große, regierte von 1740 bis 1786. Er war ein hervorragender Feldherr und exzellenter Verwaltungsfachmann. Aber auch sehr einsam – Zuneigung empfand er nur für seine Hunde. Friedrich stiftete 1740 den Orden »Pour le mérite« (Bild re.) als preußischen Kriegsorden.

Spekulieren wird man ja mal dürfen, oder? Also: Wäre 1918 alles mit rechten Dingen zugegangen – jedenfalls aus Sicht der Preußen –, dann lebte Georg Friedrich jetzt in Berlin, wohnte in einem Schloß und würde sich Deutscher Kaiser nennen. Aber das wollte die Geschichte nicht. Die ZVS, die »Zentrale Vergabestelle für Studienplätze«, gönnte ihm nicht einmal eine Studentenbude in Berlin. Und so kam es, daß Seine Kaiserliche und Königliche Hoheit Prinz Georg Friedrich Ferdinand von Preußen, Ur-Ur-Enkel des letzten Deutschen Kaisers und nach dem »Hausgesetz« Chef des Hauses Preußen, seine Sachen in einen alten VW-Golf packte und nach Freiberg in Sachsen fuhr: Dorthin hatte ihn die ZVS zum Betriebswirtschaftsstudium verbannt. Ziemlich mißmutig war er, denn er hatte sich für Berlin beworben. »Aber mittlerweile bin ich ganz glücklich hier«, sagt der Prinz, »ich habe eine Menge guter Leute kennengelernt«, mit denen er eine Menge Spaß hat. Abends geht's mit den Freunden in die Kneipe oder in die Disko oder, »weil da mehr los ist«, nach Dresden. Wenn es eine lange Nacht war, fällt das Frühstück meist aus (»ein Teller Cornflakes tut's genauso«), manchmal allerdings auch die erste Vorlesung. Schon um 7.30 Uhr mit schwerem Kopf strammstehen – da müssen sämtliche preußischen Tugenden mobilisiert werden und das gelingt halt doch nicht immer. Man ist schließlich auch nur ein Mensch. Damit hier aber kein falscher Eindruck entsteht: studiert wird trotzdem! Aufgewachsen ist Georg Friedrich in Fischerhude bei Bremen, das er als seine

eigentliche Heimat ansieht. »Immerhin lebte ich dort fünfzehn Jahre, dort bin ich zur Schule gegangen, dort habe ich Freunde – und auch das Grab meines Vaters ist dort.« Georg Friedrichs Vater, Louis Ferdinand jr., war 32 Jahre alt und designierter Chef des Hauses, als er 1977 bei einer Wehrübung zwischen zwei Panzer geriet und ums Leben kam. »Ich habe meinen Vater leider nie kennengelernt, ich war damals ja erst eineinhalb Jahre alt«, sagt Georg Friedrich. »Aber meine Mutter hat sich fabelhaft um mich und meine Schwester gekümmert. Außerdem hatte ich meinen Großvater. Er hat mir viel gegeben und viel mit mir unternommen, was wohl sonst mein Vater mit mir gemacht hätte.«

Der Großvater, Prinz Louis Ferdinand, war der Chef des Hauses und lebte auf Gut Wümmehof bei Bremen. Er war enttäuscht von seinen beiden ältesten Söhnen Friedrich Wilhelm und Michael: Sie hatten nicht standesgemäß geheiratet und damit gegen das »Hausgesetz« der Hohenzollern verstoßen. Deshalb ernannte er Georg Friedrichs Vater zu seinem Nachfolger. Nach dessen tragischem Tod wandte er sich seinem Enkel zu, um ihn darauf vorzubereiten, eines Tages seine Nachfolge anzutreten. »Er war der Ideal-Großvater«, schwärmt Georg Friedrich. »Ich ging mehrmals in der Woche zu ihm.

Oben: »König Friedrichs II. Tafelrunde in Sanssouci« nannte Adolph Menzel sein Gemälde (1850). Am Tisch sitzt auch der französische Philosoph Voltaire (3. v. li.). Drei Jahre lebte er an Friedrichs Hof, dann zerstritt er sich mit dem König. Beide waren zu eigenwillig.

Rechts: Prinz Louis Ferdinand spielte sehr gut Klavier und komponierte. Hier mit seinem Enkel Georg Friedrich und dessen Mutter Donata, geb. Gräfin zu Castell-Rüdenhausen.

Wir haben Klavier gespielt, sind geritten oder haben Ausflüge gemacht. An den Wochenenden saßen wir gemütlich zusammen, und da fragte er schon mal, ob ich mir eigentlich bewußt sei, was auf mich zukomme, und daß es manchmal auch schwierig werden könne. Und dann hat er mir viel über unsere Familie erzählt, und natürlich auch über unsere Geschichte.«

Diese Geschichte beginnt im 11. Jahrhundert. 1061 ist zum ersten Mal in einer Chronik die Rede von den schwäbischen Grafen Zollern. 1415 setzte Kaiser Sigismund den Hohenzoller Friedrich IV. als Kurfürst über das verwaiste Brandenburg ein. Noch mehr Macht bekamen sie, als der ehemalige Ordensstaat des Deutschen Ritterordens im Jahr 1618 mit Brandenburg vereinigt wurde. Dieses neue Gebiet hieß Preußen, später Ostpreußen, und gab der künftigen Großmacht den Namen.

Preußens Gloria begann aber erst mit Friedrich Wilhelm, dem »Großen Kurfürsten«. Er kam als 20jähriger 1640 ans Ruder und machte aus dem unbedeutenden Kleinstaat eine solide Mittelmacht. Der Sohn Friedrich III. übernahm eine ansehnliche Armee – und volle Kassen, was ihm mit seinem Hang zu Pomp und Prunk nur recht sein konnte. Fürstliches Leben war ihm jedoch nicht genug, König wollte er sein. Der Wunsch ging in Erfüllung: Er half Kaiser Leopold I. mit 8000 Soldaten und 150 000 Gulden aus, und als Dank durfte er sich am 18. Januar 1701 in Königsberg die Krone aufsetzen. Stolz nannte er sich nun Friedrich I., »König in Preußen«, und brachte so Glanz in die preußische Kaserne.

Oben: Friedrich II. war hochmusikalisch. Er komponierte und spielte vorzüglich Flöte. Die musikalische Begabung ist typisch für die Hohenzollern. Auch Prinz Georg Friedrich (unten), hier bei einem Konzert, liebt Musik und spielt gern Klavier.

Schloß Sanssouci. Hier wollte Friedrich II begraben werden. Am 17. August 1991, um Mitternacht, wurde er in feierlicher Prozession (ganz li.) zur letzten Ruhestätte geleitet. Links: Abschiedsgottesdienst für die Preußen-Könige auf Burg Hohenzollern.

Königin Luise

Sie war schön, liebenswürdig und »die Hoffnung aller Gutgesinnten«.

Oben: Der Königin-Luise-Gedächtnistempel auf der Pfaueninsel im Wannsee. Die Erinnerung an »die gute Königin« ist noch immer lebendig. Links: Königin Luise wurde von ihrem Mann, Friedrich Wilhelm III., verehrt und bewundert. Sie hatte neun Kinder und starb mit 34 Jahren. – Unten: Doppelstatue der Prinzessinnen Luise und Friederike.

Es war Liebe auf den ersten Blick. Die 17jährige Luise und der 23 Jahre alte preußische Kronprinz Friedrich Wilhelm wußten sofort, daß sie zusammengehörten. Das war im Herbst 1793 in Frankfurt. Noch im selben Jahr, zu Weihnachten, heirateten sie. Luise, Tochter des Herzogs Karl I. von Mecklenburg-Strelitz, war eine auffallend schöne Frau, aber noch mehr beeindruckte sie die Menschen durch ihr herzliches und liebenswürdiges Wesen. Friedrich Wilhelm verehrte sie, auch deshalb, weil sie ihn verstand. Er war kräftig, eine sehr männliche Erscheinung, dabei aber merkwürdig gehemmt im Umgang mit anderen Menschen – und sehr bescheiden. Gott habe ihm nur deshalb Macht verliehen, so verstand er später sein Königtum, damit er für seine Mitmenschen Gutes tun könne. Zurückgezogen lebte das junge Paar auf Gut Paretz. Die vergnügungssüchtige Hofgesellschaft um König Friedrich Wilhelm II. sah es mit Staunen und lästerte über den »frommen Schulzen von Paretz«.

1797 bestieg er als Friedrich Wilhelm III. den Thron, und ausgerechnet unter seiner Herrschaft geriet das Land in seine bis dahin schwerste Krise: Napoleon überrannte Preußen und verlangte die Hälfte des Staatsgebiets. Die Königin reiste 1807 nach Tilsit, um Napoleon milde zu stimmen. Dieser bewunderte ihre Schönheit und ihren Charme, blieb aber hart. In den folgenden Jahren ermutigte Luise ihren Mann zu wichtigen Reformen. Neun Kinder brachte Luise zur Welt, darunter den späteren König Friedrich Wilhelm IV., der die verfallene Burg Hohenzollern wieder aufbaute, und Wilhelm I., der 1871 Deutscher Kaiser wurde. Die rasch aufeinanderfolgenden Schwangerschaften hatten Luise zu sehr geschwächt. Am 19. Juli 1810 starb sie auf ihrem geliebten Gut Paretz.

Kaiser Wilhelm I. (li.): »Es ist nicht einfach, unter Bismarck (re.) Kaiser zu sein.«

REGENTEN

1640 – 1688
Friedrich Wilhelm der »Große Kurfürst«

1688 – 1713
Friedrich I. König in Preußen

1713 – 1740
Friedrich Wilhelm I.

1740 – 1786
Friedrich II., der Große

1786 – 1797
Friedrich Wilhelm II.

1797 – 1840
Friedrich Wilhelm III.

1840 – 1861
Friedrich Wilhelm IV.

1861 – 1888
Kaiser Wilhelm I.

1888
Kaiser Friedrich III. regierte nur 99 Tage

1888 – 1918
Kaiser Wilhelm II. dankte am 9. November 1918 ab

Prinz Louis Ferdinand und die Krone. Er gab den Anspruch auf die Kaiserwürde nie auf: »Wenn ich gerufen werde, bin ich bereit.«

Damit freilich machte sein Sohn Friedrich Wilhelm I. ganz schnell Schluß. Kaum saß er auf dem Thron, 1713, mistete der stämmige, breitschultrige neue König den väterlichen Hofstaat gnadenlos aus: Vaters Mätressen wurden verjagt, jeglicher Luxus gestrichen, das Tafelsilber eingeschmolzen und zu Münzen geprägt, gekauft wurde nur noch, was man sich leisten konnte. Dieser Mann sah sich nicht als Nutznießer, sondern als erster Diener des Staates. Er machte Preußen zum Inbegriff von Sparsamkeit, Ordnung, Fleiß und Pflichterfüllung. Mit diesen preußischen Tugenden wollte der »Soldatenkönig« vor allem eines erreichen: die Schaffung einer schlagkräftigen Armee. Das gelang ihm tatsächlich – zu seiner großen Genugtuung, denn er war Soldat bis in die Zehenspitzen. Um so wütender machte es ihn, wenn er sah, wer da als Kronprinz heran-

Kaiser Wilhelm II. und Kaiserin Auguste Viktoria im Schloßpark von Sanssouci mit den Kindern Friedrich Wilhelm, Eitel Friedrich, August Wilhelm, Adalbert und Oskar. Insgesamt hatte das Paar sieben Kinder.

Kronprinzessin Cecilie mit ihren Söhnen Prinz Wilhelm (li.) und Prinz Louis Ferdinand. Als Wilhelm 1940 fiel, kamen mehr als 50 000 Menschen zu seinem Begräbnis. Hitler war darüber sehr verärgert. Damit sich ein solches »monarchistisches Begräbnis« nicht wiederholte, verfügte er im »Prinzenerlaß«, daß alle Prinzen die Wehrmacht verlassen mußten.

wuchs: ein kleiner, zierlicher, überaus sensibler junger Mann, der gern Flöte spielte, Gedichte schrieb und, als sei das nicht schon schlimm genug, auch noch eine besonders innige Freundschaft zu einem Leutnant namens Hans Hermann von Katte pflegte.

Der König tobte und machte seinem 18jährigen Sohn das Leben zur Hölle, so sehr, daß Friedrich und sein Freund beschlossen, nach England zu fliehen. Aber sie wurden erwischt. Friedrich wurde auf die Festung Küstrin gebracht, sein Freund zum Tode verurteilt. Damit sich's der Sohn merke, befahl der König, den Freund vor den Augen Friedrichs zu enthaupten. Friedrich konnte das nicht mit ansehen, er fiel vorher in tiefe Ohnmacht.

Was genau an jenem Tag des Jahres 1730 mit Friedrich geschah, wissen wir nicht. Aber irgend etwas in ihm muß wohl zerbrochen sein. Er war nun, wie er selbst von sich sagte, »ein Mann ohne Liebe und Leidenschaft«. Als hätte man sie ihm an jenem Tag aus dem Leibe geris-

Kaiser Wilhelm II. im niederländischen Doorn mit Familie. Hier lebte er seit seiner Abdankung am 9. November 1918. Lange Zeit hoffte er, wieder nach Deutschland zurückkehren zu können. Er starb 1941.

Links: Prinz Louis Ferdinand und Kira im Kreise ihrer Familie. Der Prinz und die russische Großfürstin heirateten 1938 gleich dreimal: standesamtlich, russisch-orthodox und protestantisch.

Von links: Prinz Christian Sigismund mit Frau Nina und Sohn; Georg Friedrichs Mutter Donata und Prinz Louis Ferdinand mit Königin Silvia von Schweden; die Prinzessinnen Xenia, Marie Cécile und Kira; Prinz Friedrich Wilhelm mit Frau Ehrengard; Prinz Michael und Frau Brigitte. – Unten: Prinz Louis Ferdinand jr. (hinten). – Rechte Seite: Burg Hohenzollern.

sen, zeigte er, soweit wir heute wissen, nie mehr liebende Zuneigung, zu niemandem. Daran änderte sich auch nichts, als er, vom Vater verordnet, Prinzessin Elisabeth Christine von Braunschweig zur Frau nahm. Das Beste, was Elisabeth in 55 Ehejahren von ihm erwarten konnte, war angemessener Respekt – sonst nichts.

1740, gerade 28 Jahre alt, bestieg er als Friedrich II. den Thron. Ein brillanter Kopf, der zum Zyniker geworden war, fest davon überzeugt, nur von Idioten umgeben zu sein, was er auch jedem ohne Ansehen der Person um die Ohren haute, in so beleidigender Weise, daß ein englischer

Gesandter entsetzt nach Hause schrieb: »Ich wäre lieber Affe in Borneo als Minister in Preußen.« Ein außergewöhnlicher Mann, dieser Friedrich der Große. Im Krieg ein hervorragender Feldherr, im Frieden ein exzellenter Verwaltungsfachmann, der seinem Volk Ruhe und Rechtssicherheit gab. Er tat seine Pflicht, aber »ohne Liebe und Leidenschaft«. Er wurde gefürchtet und respektiert, geliebt hat ihn jedoch keiner. Immer einsamer wurde es um den König. Als Friedrich II. im Jahr 1786 starb, weinte niemand. »Niemand ist traurig. Kein Gesicht, das nicht ein Gefühl der Erleichterung ausdrückte«, notierte Graf Mirabeau nach dem Tod Friedrichs, dessen letzter Gedanke seinen geliebten Hunden galt.

Friedrich der Große hatte Preußen groß und stark gemacht, keine vierzig Jahre später wurde es tief gedemütigt: Napoleon zerschlug die preußische Armee und zwang König Friedrich Wilhelm III. 1807 im Frieden von Tilsit, die Hälfte des Landes abzutreten. Da half es auch nichts, daß die schöne Königin Luise nach Tilsit reiste und dort den Franzosenkaiser inständig um Milde bat (siehe Seite 38).

Nach dem Fall Napoleons ging es mit Preußen wieder aufwärts. Seinen Triumph erlebte es, als Otto von Bismarck die deutschen Fürstentümer unter Preußens Vorherrschaft vereinigte und König Wilhelm I. am 18. Januar 1871 im Thronsaal des Schlosses von Versailles zum Deutschen Kaiser ausrufen ließ.

Eine Postkarte zum Gedenken an die Palästina-Reise von Kaiser Wilhelm II. im Jahr 1898. In Haifa ging er an Land, wo noch heute ein Denkmal an ihn erinnert. Dann zog der Kaiser mit einem riesigen Troß nach Jerusalem. Kampiert wurde am Straßenrand (unten). Fast alle »Pilger« empfanden die Hitze und die Fliegenplage als Strafe. Nur Wilhelm II. war guter Dinge. Am 29. Oktober ritt er feierlich in Jerusalem ein – auf einem schwarzen Pferd in strahlend weißer Uniform und mit einem goldenen Adler auf dem Helm.

Wilhelm I. starb im März 1888, sein Sohn Friedrich III. herrschte nur 99 Tage, dann erlag er einem Krebsleiden. Der neue Herr hieß nun Wilhelm II., 29 Jahre alt, eine bis heute umstrittene Persönlichkeit: talentiert und an tausend Dingen interessiert, aber auch unüberlegt und sprunghaft. Sein Name ist verbunden mit einem geradezu fabelhaften Wirtschaftsaufschwung, aber auch mit der Katastrophe des Ersten Weltkriegs. Man gab ihm die Schuld, aber so einfach war es nicht. Er war »im großen und ganzen ein wohlmeinender Mann mit guten Absichten«, urteilte Winston Churchill. Wilhelm – ein Kriegstreiber? Nein, sagt Churchill, eher »der achtlose Ferienreisende, der seine brennende Zigarette in den Vorraum des Pulvermagazins geworfen hatte, das Europa geworden war«.

Am 9. November 1918 dankte Wilhelm II. als Deutscher Kaiser ab, wenig später auch als König von Preußen – nicht allein auf Druck der Alliierten, auch weil die Soldaten nicht mehr weiterkämpfen wollten und meuterten. Wilhelms Sohn, Kronprinz Friedrich Wilhelm, schreibt in seinen »Erinnerungen«, daß er am Morgen jenes 9. November den Vater bat, mit den letzten loyalen Truppen gegen die Meuterer vorgehen zu dürfen. Aber der Kaiser wollte keinen Bürgerkrieg. Er legte die Krone nieder und fuhr in seinem weiß-goldenen Zug nach Holland ins Exil. So endete die Herrschaft der Hohenzollern.

Als Wilhelm II. 1941 im holländischen Doorn starb, wurde sein Sohn, Friedrich Wilhelm, Chef des Hauses. Nach ihm übernahm, im Jahr 1951, Louis Ferdinand das Amt.

Er erlebte Kaiser Wilhelm II. als liebevollen Großvater, der seinem Enkel auch gern mal aus der Patsche half. Louis Ferdinand erinnerte sich noch gut an seinen zehnten Geburtstag im Jahr 1917. Traditionsgemäß wurden preußische Prinzen an diesem Tag Leutnant des 1. Garderegiments und mußten sich offiziell beim Kaiser zum Dienst melden. So auch Louis Ferdinand. Er hatte seinen Auftritt fleißig geübt, aber nun, angesichts der vielen Leute, die ihn alle erwartungsvoll anstarrten, war der Text plötzlich weg. Da beugte sich der Kaiser über ihn und flüsterte ihm die Meldung Wort für Wort zu. Danach sagte er: »Ich hoffe, bis du General bist, kannst du eine ordentliche Meldung erstatten, ohne daß dir dein Großvater vorsagen muß.«

Auch sein nächster Geburtstag, der 9. November 1918, prägte sich ihm ein. Seine Mutter, die Kronprinzessin Cecilie, kam am Morgen zu ihm »und legte auf meinen Geburtstagstisch die Skizze eines Fahrrads, das ich mir so sehr gewünscht hatte. Sie tröstete mich, das richtige Fahrrad sei noch nicht fertig.« Um vier Uhr nachmittags kam die Mutter wieder, »mit tränenerstickter Stimme sagte sie: ›Die Revolution ist ausgebrochen. Großpapa hat abgedankt. Der Krieg ist verloren.‹ Ehrlich gesagt, ich war in diesem Augenblick richtig erleichtert. Ich dachte nur: Jetzt muß ich wenigstens nicht ins Kadettenkorps in Plön.« Mit Militär hatte Louis Ferdinand noch nie etwas im Sinn gehabt, sehr zum Leidwesen seines Lehrers, der ihm attestierte: »Lulu, Sie sind hoffnungslos unmilitärisch!«

Nach seinem Wirtschaftsstudium, das er im Jahr 1929 mit einer Doktorarbeit abschloß, ging er nach Detroit, USA, und arbeitete dort in den Ford-Werken. »Als Probearbeit mußte ich ganz

Prinz Georg Friedrich in Israel, auf den Spuren seines Ur-Ur-Großvaters. Begleitet wurde er von dem Fernsehjournalisten Peter von Zahn, der die Reise in einem Film dokumentierte. Gemeinsam besuchten sie in Jerusalem die Erlöserkirche, die von Wilhelm II. gestiftet wurde.

Prinz Georg Friedrich am Grab seines Vaters in Fischerhude. Als Prinz Louis Ferdinand jr. (unten mit seiner Frau Donata) starb, war Georg Friedrich gerade eineinhalb Jahre alt. »Ich habe ihn nie kennengelernt, aber Gott sei Dank hatte ich meine Mutter und meinen Großvater.«

allein einen V-8-Motor zusammenbauen. Zum Glück bin ich dem Käufer dieses Wagens nie begegnet. Wahrscheinlich hätte er mich sofort erschossen.«

1938 heiratete er die russische Großfürstin Kira Kirillowna, und zwar gleich dreimal: standesamtlich in Berlin, russisch-orthodox auf Burg Hohenzollern und protestantisch in Doorn bei seinem Großvater Wilhelm II., der dem jungen Paar eine Weltreise zur Hochzeit schenkte.

Sieben Kinder gingen aus dieser Ehe hervor. Die Familie lebte in Westpreußen auf dem Gut Cadinen, bis sie vor der anrückenden Roten Armee fliehen mußte. Nach dem Krieg gründete Prinzessin Kira 1954 ein Jugenderholungswerk, das bedürftigen Kindern im damals eingeschlossenen Berlin ermöglichte, auf der Burg Hohenzollern Ferien zu machen. Die ersten Kindergruppen wurden per Luftbrücke aus Berlin ausgeflogen. Inzwischen haben mehr als 10 000 Kinder ihre Ferien auf der Burg verbracht.

Prinzessin Kira starb im Jahr 1967 völlig unerwartet während einer Urlaubsreise. Ein schwerer Schlag für Prinz Louis Ferdinand. Dann der tödliche Unfall seines Sohnes und designierten Nachfolgers, Louis Ferdinand jr., und 1992 erlag seine jüngste Tochter Xenia einem Asthmaanfall. Trost fand Louis Ferdinand, hochmusikalisch wie viele seiner Vorfahren, in der Musik; er war nicht nur ein hervorragender Pianist, sondern komponierte auch. »Die Musik ist Teil meiner Religion.«

Nach dem Fall der Mauer 1989 ging für ihn ein großer Wunsch in Erfüllung: Wegen des Krieges hatte man die Sarkophage von Friedrich Wilhelm I. und Friedrich dem Großen zunächst nach Marburg, später auf die Burg Hohenzollern gebracht. Am 17. August 1991 wurden die Särge feierlich nach Potsdam überführt. Nun waren die preußischen Könige wieder in »ihrem Land«.

Für Georg Friedrich ist preußische Geschichte gleichzeitig die Geschichte von Familienangehörigen. Kein Wunder also, daß er vieles mit anderen Augen sieht. So auch seine Reise nach Jerusalem. Dort war Wilhelm II. 1898 in strahlend weißer Uniform auf einem schwarzen Pferd durch das Stadttor geritten. Der Kaiser war so begeistert von Jerusalem, daß er das Geld für

den Bau der Erlöserkirche stiftete. Auch Georg Friedrich kommt ins Schwärmen, wenn er von seiner Israel-Reise erzählt – wie er dem Weg des Kaisers folgte, von Haifa, wo noch heute ein Wilhelm-Denkmal steht, bis nach Jerusalem, wo er auf den Stufen der Erlöserkirche respektvoll empfangen wurde.

Wenige Monate vor Louis Ferdinands Tod, 1994, »ich glaube, es war das vorletzte Mal, daß wir uns sahen, da haben wir abends noch ein bißchen Fernsehen geschaut«, erinnert sich Georg Friedrich. »Dann hat er mich beiseite genommen und mich mit ernstem Blick gefragt: ›Bist du dir der Aufgabe wirklich bewußt?‹ Das war ein Schlüsselerlebnis, an das ich oft zurückdenke.«

Nun ist Prinz Georg Friedrich der Chef des Hauses – und ruft sich selbst zur Ordnung. Er ist nämlich »ein bißchen chaotisch«, wie er zugibt. »Aber ich glaube, das wächst sich langsam aus.« Muß es auch, denn jetzt heißt es, Studium und gesellschaftliche Verpflichtungen unter einen Hut zu bringen, wobei er kein Problem damit hat, in seinem alten Golf zu einem Empfang zu fahren. »Ich bin heilfroh mit meinem Auto, außerdem weiß jeder, daß die Preußen sparsam sind.«

Bleibt noch das preußische »Hausgesetz«, das ihm die Ehe mit einer Bürgerlichen verbietet, ein »standesgemäßes« Mädchen muß es sein. »Ja, ich weiß«, sagt Georg Friedrich, »das mit dem ›Hausgesetz‹ klingt furchtbar. Aber wann ich heirate und wen ich heirate, das weiß nur der liebe Gott.«

Und sollte es mal Spitz auf Knopf stehen – nun, nichts ist für die Ewigkeit gemacht. Alles ändert sich. Oder läßt sich ändern, auch ein »Hausgesetz«. Als Chef des Hauses darf er das. Einen Vorteil muß der Chef ja haben!

Kanu-Ausflug in der Umgebung von Fischerhude bei Bremen. Den Ort, in dem Georg Friedrich seine Jugend verbrachte und in dem er noch heute viele Freunde hat, sieht der Prinz als seine eigentliche Heimat an.

Fürstliches Haus

Thurn und Taxis

Will man der Legende glauben, dann beginnt die Geschichte dieser Familie bereits im 4. Jahrhundert in Mailand. Fest steht, daß sie aus Oberitalien stammt, einen berühmten Dichter, Torquato Tasso, hervorbrachte sowie mit einer genialen Idee zu Reichtum und Einfluß kam: Die Thurn und Taxis schufen eine Post, die schnell und zuverlässig Briefe und Geld in ganz Europa beförderte.

Schloß Emmeram, die Residenz der Fürsten von Thurn und Taxis in Regensburg. Sie zählte zu den glanzvollsten Höfen Deutschlands.

Fürstin Gloria und Fürst Johannes von Thurn und Taxis in einem ihrer Privaträume im Schloß.

Der Aufstieg war atemberaubend. Und wenn es Krisen gab im Haus der **THURN UND TAXIS,** *dann war es eine Frau, die sich als Retterin erwies. Heute ist es Fürstin Gloria.*

Fürstin Gloria übernahm nach dem Tod von Fürst Johannes 1990 die Leitung des Thurn-und-Taxis-Unternehmens. Inzwischen hat sie sich als Managerin große Anerkennung erworben.

Franz I. wurde 1504 zum Generalpostmeister ernannt. – Rechts: Carl Anselm, Fürst von Thurn und Taxis (1733–1805), liebte den Prunk und schöne Frauen. – Rechte Seite: Fürst Anselm Franz (1681–1739). Das Posthorn ist zu seiner Zeit für die Familie schon längst zum Symbol für Reichtum und Macht geworden.

Von Glanz hatte Gloria keine Ahnung, als sie zusammen mit ihren Freundinnen in den Lehmhütten spielte. Das war in Afrika, erst in Togo, dann in Somalia.

Glorias Vater, Graf Joachim von Schönburg-Glauchau, war Journalist und arbeitete als Auslandskorrespondent für den Rundfunk. Er stammte aus einem alten sächsischen Adelsgeschlecht, aber ein wohlklingender Name ist heute nicht unbedingt gleichbedeutend mit einem wohlgefüllten Bankkonto. Deshalb dieser Brotberuf. Und als er das Angebot erhielt, nach Afrika zu gehen, nahm er auch seine Frau und die vier Kinder mit. Daß es im gräflichen Haus nicht sonderlich hochherrschaftlich zuging, damit hatte der Graf keine Probleme.

Im Gegenteil, er sah das alles eher als eine gute Schule für seine Kinder, natürlich auch für die beiden Töchter Gloria und Maya: »Die Mädchen müssen fähig sein, sowohl unter Kakerlaken als auch unter Kronleuchtern ein sinnvolles Leben zu führen.«

So kam es, daß die kleine Gloria und ihre Schwester am Nachmittag, nach der Schule, oft bei ihren Freundinnen zu Hause spielten – und die wohnten eben in Lehmhütten. Fürstin Mariae Gloria von Thurn und Taxis erinnert sich gern an diese Zeit. »Es war herrlich«, sagt sie in einem Interview mit der Süddeutschen Zeitung. »Das Spielzeug war sehr phantasievoll – alte Cola-Dosen und ein Stück Draht waren ein Auto. Besonders raffinierte Kinder konnten da

sogar eine Lenkung einbauen.«

Eine unbeschwerte Kindheit, in der man zahlreiche enge Freundschaften schloß, wobei die einen Spielkameraden eben zufällig schwarz und die anderen zufällig weiß waren. Auch Name und Stand spielten keine Rolle. »Unser Name war so selbstverständlich, daß mein Bruder die Mami fragte: ›Was ist das eigentlich, ein Graf?‹ «

Und die Mutter, eine geborene Gräfin Széchenyi von Sárvár und Felsövidek, antwortete: »Eine Familie mit einem Namen hat erstens besondere Verpflichtungen der Höflichkeit. Zweitens ist man immer pünktlich, besonders in der Kirche. Man grüßt die Leute und wartet

Gute Beziehungen: Fürstin Gloria und Theo Waigel.

Der Wintergarten auf Schloß Emmeram.

Der Silbersaal im Schloß der Thurn und Taxis. Er ist ein Beweis dafür, daß man auch mit Briefmarken ein Vermögen verdienen kann.

nicht, bis die Leute einen begrüßen.« Das hat sich die kleine Gloria gemerkt, wie auch das, was die Eltern vor ihren Kindern immer wieder hochhielten – »Werte wie Anstand, Disziplin, Verantwortung, Nächstenliebe, Achtung vor der Würde des anderen«.

Dann kehrte die Familie nach Deutschland zurück, nach Meckenheim. Dort besuchte Gloria das Gymnasium und zeigte schon bald einen Hang zu den »absoluten Outcasts« – die in Klassenarbeiten Fünfen und Sechsen schrieben, dafür aber tolle Motorräder fuhren. »Coole Jungs« eben, mit denen man zu Rockkonzerten fahren oder mit denen man einen Abend am Lagerfeuer verbringen konnte. Jungs halt, die nicht so langweilig waren wie die braven Einserschüler. Es mag ja vielleicht wild ausgesehen haben, aber im Grunde war sie ganz brav. Gloria wollte warten – auf den Mann, dem sie ihre ganze Liebe schenken konnte.

Und der kam tatsächlich, besser gesagt: Er saß im Münchner Lokal »Nürnberger Bratwurst Glöckl« an einem großen Tisch, weit weg am

Besuch aus Hollywood: Der amerikanische Schauspieler Steve Martin wünschte sich, einmal in einem echten Schloß mit einer echten Fürstin zu sprechen. Fürstin Gloria erfüllte ihm diesen Wunsch.

Fürstin Gloria mit ihren Kindern Maria Theresia (li.), Elisabeth und Albert. Eigentlich darf Albert als »Mann« bei der »Amazonenjagd« nicht mitreiten. Aber weil er hier gerade mal elf Jahre alt ist, drückt seine Mutter ein Auge zu.

In fünf Tagen über die Alpen nach Rom

Disziplin, Zuverlässigkeit und ständige Bereitschaft der Reiter: Das war das Erfolgsrezept der Thurn-und-Taxis-Post.

Fürstin Gloria als Postbotin – eine Erinnerung an vergangene Zeiten. 1867 mußten die Thurn und Taxis ihre Postrechte an Preußen abtreten.

Briefe wurden schon immer verschickt, seit man schreiben konnte. Das war nichts Neues. Revolutionär an der Thurn-und-Taxis-Idee war, Briefe mit fahrplanmäßiger Regelmäßigkeit schnell und sicher zu befördern. Erreicht wurde dies mit bestens organisierten Stafetten-Routen: Die Entfernung zwischen den einzelnen Posten (daher der Name Post) betrug 5 Meilen (etwa 37 km). An jedem der Posten wartete ein Bote, eben der Postbote, auf seine Ablösung. Näherte sich ein Bote dem Posten, dann stieß er in sein Horn. Wenn der wartende Bote dieses Signal hörte, machte er sich und sein Pferd bereit, um die Sendung zu übernehmen und sofort zum nächsten Posten zu reiten. Auf diese Weise, so berichtet ein Chronist Anfang des 16. Jahrhunderts, brauchte ein Brief vom Allgäu nach Rom fünf Tage. Die Arbeitsauflagen waren sehr streng. So waren etwa die Postreiter dazu verpflichtet, sich Tag und Nacht bereit zu halten und in einer Stunde wenigstens eine Meile zu reiten. Neben der Taxisschen Post gab es auch die Boten der Stadtverwaltungen. Aber die gingen meist zu Fuß und schafften am Tag nur rund 6 Meilen (etwa 45 km), nachts nur 4 Meilen. Sie waren keine ernsthafte Konkurrenz für die Stafetten-Reiter. Schnelligkeit und Zuverlässigkeit machten das Unternehmen der Thurn und Taxis erfolgreich, und ständig arbeitete man an Verbesserungen. Zu Anfang des 19. Jahrhunderts schafften die neuen Kutschen die Strecke Frankfurt – Paris in nur drei Tagen. Und was die Zuverlässigkeit anbelangt: Im Oktober 1806 schickte die Mutter Johann Wolfgang von Goethes ihrem Sohn in Weimar ein Päckchen mit 28 Pfund Edelkastanien. Es wurde pünktlich und unbeschadet in der Küche des Dichters abgeliefert – obwohl zur selben Zeit Napoleon sich in Jena und Auerstädt mit den Preußen schlug und es auf den Straßen zwischen Frankfurt und Leipzig drunter und drüber ging.

Reitender Postbote: Er mußte mindestens eine Meile in der Stunde reiten, sonst wurde ihm der Lohn gekürzt.

anderen Ende, und die 19jährige Gloria dachte sich: Komisch, der soll doch so reich sein. Warum kann der sich keinen Pullover ohne durchgescheuerte Ellenbogen leisten? – Das war Johannes Baptista de Jesus Maria Louis Miguel Friedrich Bonifazius Lamoral, 53 Jahre alt, Erbprinz und späterer 11. Fürst von Thurn und Taxis.

Erst bei der zweiten Begegnung funkte es: Gloria saß mit Freunden im »Café Reitschule« in München-Schwabing und schlug die Zeit bis zum Supertramp-Konzert am Abend tot. Da sah sie den Prinzen in das Lokal kommen, und weil er ihr bekannt war, baten die Freunde ihn an den Tisch. So kamen die beiden zum ersten Mal ins Gespräch. »Ich wußte damals nicht viel über ihn«, gesteht Fürstin Gloria, »auch nicht über die Geschichte der Familie von Thurn und Taxis.« Es ist allerdings auch eine lange und ziemlich verwickelte Geschichte.

Will man der Legende glauben, dann begann sie bereits im 4. Jahrhundert in Mailand. Damals gab der Heilige Ambrosius, Bischof und Kirchenlehrer, während eines Kampfes gegen die Ketzer einem jungen Edelmann den Auftrag, das Neue Tor der Stadt zu verteidigen. Der junge Mann tat dies mit Bravour – und wurde seither de la Tour genannt. Er war der Stammvater der Familie von Thurn und Taxis, so heißt es in der Legende.

Fest steht auf jeden Fall, daß die Familie aus der Lombardei stammt. Ein Geschichtsschreiber des 8. Jahrhunderts berichtet von einem langobardischen König namens Tato; aus Tato wurde Tasso, Taxo und schließlich Taxis.

Anfang des 15. Jahrhunderts teilte sich die Familie in zwei Linien. Pietro ging nach Rom und wurde dort Generalpostmeister des Papstes. Das berühmteste Familienmitglied der römischen Linie ist Torquato Tasso (1544 – 1595), einer der größten italienischen Dichter, dessen Werke die Literatur in ganz Europa beeinflussen sollten.

Auch Pietros Bruder Roger verließ das heimatliche Bergamo, aber in Richtung Norden. Er zog nach Tirol, wurde von Kaiser Friedrich III. im Jahr 1450 zum Reichsritter geschlagen und erhielt das Amt eines Oberjägermeisters. Gewiß, das war schon etwas, aber wenn Roger an seinen Bruder Pietro, den päpstlichen Generalpostmeister, dachte, packte ihn der Ehrgeiz. Nachrichten- und Kurierdienst, mit so etwas mußte sich doch auch im Norden Geld verdienen lassen! Und es gelang ihm tatsächlich. Im Jahr 1457 wurde die erste Taxissche Postroute zwischen Tirol und

Der Heilige Abend wird im Hause Thurn und Taxis im engsten Familienkreis gefeiert: Fürstin Gloria mit ihren Kindern Albert, Elisabeth und Maria Theresia (rechts) im Jahr 1994.

Der stolze Vater: Fürst Johannes mit seinem Sohn, Prinz Albert.

Reiten – nicht mehr für die Post, sondern nur noch zum Spaß: Prinzessin Elisabeth von Thurn und Taxis bei einem Turnier in Bad Abbach 1994.

der Lombardei eingerichtet. Von nun an ging es bergauf. Rogers Enkel Franz machte aus dem Postdienst schließlich einen internationalen Konzern. Klug wie er war, ließ er sich in Brüssel nieder, das inzwischen neben Wien zur zweiten Hauptstadt im Habsburger Reich avanciert war. Von dort spann er seine postalischen Fäden, die bald alle wichtigen Städte Europas miteinander verbanden (siehe Seite 56). Zunächst war es nur

Oben: Prinzessin Elisabeth (rechts) und Prinzessin Haya von Jordanien beim Turnier »Radio Gong pro Junior Trophy« 1998.

Rechts: Fürstin Margarete (1870–1955). Die Liebe zu Pferden hat im Haus Thurn und Taxis Tradition.

die Route Brüssel–Wien; sie diente ausschließlich dem Briefverkehr zwischen den kaiserlichen Verwaltungen. Aber Kaiser Maximilian zahlte die Gebühren nicht. Um die Kosten zu decken, begann Franz nun, auch Briefe von Privatleuten zu befördern. Das Geniale an dieser Idee war die fahrplanmäßige wie auch sichere Beförderung der Post: Zum ersten Mal konnten Kaufleute und Banken, Könige und Bürger Nachrichten, Schecks und wichtige Papiere verschicken und sicher sein, daß ihre Sendungen auch tatsächlich ankommen – und daß in berechenbarer Zeit eine Antwort zu erwarten war. Das hieß: Man konnte disponieren. Für Politik, Wirtschaft und Kultur war dies ähnlich bedeutend wie der gerade von Johannes Gutenberg erfundene Buchdruck.

Im Jahr 1500 ernannte der spanische König Philipp I. Franz zum »capitaine et maître de nos postes« und beauftragte ihn, Postlinien zwischen den spanischen, niederländischen, deutschen und französischen Höfen zu errichten. 1516 erweiterte Franz den Betrieb auf Verona, Rom und Neapel. Das Imperium wuchs, die Kassen füllten sich, und der Kaiser erhob Franz in den Adelsstand – der Mann konnte wirklich zufrieden sein. Und das sieht man ihm auch an: Sein Porträt zeigt einen wohlbeleibten Herrn mit selbstsicherem Blick. Er starb 1517, wenige Wochen nachdem im fernen Wittenberg ein unbekannter Mönch namens Martin Luther seine Thesen an der Tür der Schloßkirche angeschlagen hatte. Noch ahnte niemand, welche Folgen das haben würde – auch für das Haus Thurn und Taxis.

Nach dem Tod von Franz übernahm dessen Neffe Johannes die Geschäfte. Er erweiterte das Unternehmen und sorgte für ein gutes Image.

Im Jahr 1832 wird in Regensburg die Reitschule der Familie Thurn und Taxis eingeweiht.

Denn Post ist bis heute Vertrauenssache. Dieses Vertrauen war nun geschaffen, so daß die Fugger es 1584 wagen konnten, auf Wechsel von Venedig, Augsburg und Nürnberg 250 000 Gulden (nach heutigem Wert etwa 100 Millionen Mark) flüssig zu machen und mit der Taxisschen Post von Frankfurt nach Brüssel zu schicken. Alles schien bestens zu laufen.

Prinzessin Maria Theresia und ihre Schwester Elisabeth bei der »Amazonenjagd«.

Dann jedoch geriet das Haus in den Wirren der Reformation, die Martin Luther in Bewegung gesetzt hatte, zusehends ins Trudeln. Im Dreißigjährigen Krieg schließlich hatte das Unternehmen ernste Schwierigkeiten. Der Grund: Andere wollten auch mitverdienen. Viele Fürstenhöfe machten ihre eigene Post auf, aus Wien kam die Nachricht, daß die Postrechte für Österreich, Böhmen und Ungarn für die Familie Thurn und Taxis aufgehoben waren ... es bröckelte an allen Fronten. In dieser Situation war es eine Frau, die das Unternehmen rettete: Gräfin Alexandrine. Nach dem Tod ihres Mannes Leonhard im Jahr 1628 übernahm sie für ihren minderjährigen Sohn die Leitung des Postbetriebs. Mit großem Geschick nutzte sie die Schwächen ihrer Konkurrenten aus und bewahrte das Unternehmen vor dem Untergang, mehr noch, sie bereitete es für einen neuen Aufstieg vor.

Aber das Schicksal meinte es nicht gut mit ihr. Alexandrines Sohn starb, kaum daß er ihre Nachfolge angetreten hatte. Die Franzosen marschierten auf Brüssel und legten einen großen

1

2

3

4

Teil der Stadt in Schutt und Asche. Alexandrines Enkel, Eugen Alexander, beschloß, den Hauptsitz der Firma nach Frankfurt zu verlegen; diese Stadt mauserte sich mehr und mehr zu einer europäischen Handels- und Finanzmetropole. Eugen Alexander folgte der Geschäftspolitik seiner Großmutter, und es ging wieder aufwärts. Sichtbarer Ausdruck des Erfolgs war die Verleihung des Fürstentitels im Jahr 1695.

Die nächste Stufe des Aufstiegs der Familie war die Berufung in den Immerwährenden Reichstag in Regensburg. So kamen die Fürsten von Thurn und Taxis 1745 nach Regensburg, von wo aus sie nun ihr weitverzweigtes Imperium leiteten. Alles ging gut – mit dem üblichen Auf und Ab selbstverständlich – bis die Preußen kamen. Denen waren die Thurn und Taxis seit längerem ein Dorn im Auge. Schon Friedrich der Große hatte sich über sie empört, weil in den Taxisschen Postämtern auf Befehl des Kaisers die Briefe des preußischen Königs geöffnet wurden und ihr Inhalt brühwarm nach Wien berichtet wurde. Die Preußen waren nachtragend und präsentierten im Jahr 1867 dem sechsten Fürsten, Maximilian Karl, die Rechnung. Dazu besaßen sie jetzt die Macht, denn ein halbes Jahr zuvor hatten sie bei Königgrätz die Truppen des Kaisers von Österreich vernichtend geschlagen. Preußen war nun die Nummer eins in Deutschland. Bismarck und König Wilhelm, der spätere Kaiser Wilhelm I., zwangen den Fürsten, sämtliche Postrechte an Preußen abzutreten.

Das war das Ende der Taxisschen Post – ein bitterer Tag für das Haus. Immerhin hatte die Familie im Lauf der Jahrhunderte ein beträchtliches Vermögen angehäuft, von dem die nachfolgenden Fürsten standesgemäß zehren konnten.

Und nun saß die 19jährige Gloria im Münchner »Café Reitschule« neben einem solchen Thurn und Taxis und amüsierte sich bestens, denn der Erbprinz war ein Meister der Konversation. Die beiden unterhielten sich so gut, daß Johannes Gloria dazu überreden konnte, das Konzert sausen zu lassen. Das war der Anfang.

Im Jahr darauf, am 31. Mai 1980, war es dann soweit: Deutschlands Adel und Politprominenz

Linke Seite: Fürstin Gloria – eine moderne junge Frau von heute. Oben: Die Fürstin mit dem bayerischen Ministerpräsidenten Franz Josef Strauß (1); mit Staatsintendant August Everding (2); mit Börsenprofi André Kostolany (3); mit dem Papst (4). – Unten: Fürstin Gloria bei den Bayreuther Festspielen zwischen den Präsidenten Richard von Weizsäcker und Václav Havel.

Prinzessin Elisabeth und ihr Bruder, Erbprinz Albert. Er ist der 12. Fürst von Thurn und Taxis.

traf sich in Regensburg und feierte die Hochzeit von Erbprinz Johannes und Mariae Gloria. Und jeder war gerührt, als der Vater des Bräutigams, Karl August, 10. Fürst von Thurn und Taxis, sich vor der jungen Braut verneigte und ihr ein Kreuz auf die Stirn zeichnete.

Was nun folgte, war die laute Zeit. Keine Party ohne Johannes – und ohne Gloria natürlich; kein Outfit war ihr zu schrill, keine Frisur zu gewagt, kein Gast zu schräg. Die Presse war begeistert oder mokierte sich, je nachdem. »Bayerns Gloria« wurde sie genannt oder »Punker-Fürstin«, »Pop-Aristokratin«, »Prinzessin Dynamit«, »Jet-Set-Darling«... Es war ein pralles Leben, fürstlich, glänzend – und Freude gab es auch. Drei Kinder brachte Fürstin Gloria zur Welt: Maria Theresia (geb. 1980), Elisabeth (geb. 1982) und Albert (geb. 1983).

Dann kam der Schock. Johannes, der nach dem Tod seines Vaters im Jahr 1982 der 11. Fürst geworden war, lag nun selber todkrank in der Klinik. Sein Herz machte nicht mehr mit. Am 29. Oktober 1990 wurde in München eine Herztransplantation durchgeführt, erfolgreich, wie es zunächst schien, und man machte schon Pläne für das kommende Weihnachtsfest. Aber sein Körper stieß das neue Herz ab. Eine zweite Transplantation wurde versucht – vergeblich. Fürst Johannes starb mit 64 Jahren am 14. Dezember 1990. Kurz vor seinem Tod übertrug er die Generalvollmacht an Fürstin Gloria.

Fürstin Gloria kann wieder lachen. Das Unternehmen der Thurn und Taxis ist saniert.

Wenige Monate zuvor hatte der gelernte Bankfachmann den Thurn-und-Taxis-Konzern auf Herz und Nieren prüfen lassen. Das Ergebnis war beunruhigend. Fürst Johannes entließ den Vorstand, aber er kam nicht mehr dazu, die künftige Marschrichtung des Unternehmens festzulegen.

Nun war es wieder eine Frau – wie damals Gräfin Alexandrine –, die sich als Retterin erwies. Niemand wollte es glauben, alle waren verblüfft, und die Presse staunte. Das »schrille Party-Girl« machte ernst und krempelte die Ärmel hoch. Gloria studierte Betriebswirtschaft, holte sich kompetente Fachleute, lernte von ihnen – und räumte auf in dem maroden Betrieb. Um die Erbschaftssteuern von 65 Millionen Mark zahlen zu können, ließ sie einen Teil der Schätze des Hauses versteigern. Heute ist der Betrieb mit seinen 4000 Mitarbeitern saniert – und im Lexi-

Fürsten von Thurn und Taxis

1676 – 1714
Eugen Alexander erster Fürst von Thurn und Taxis

1714 – 1739
Anselm Franz

1739 – 1773
Alexander Ferdinand

1773 – 1805
Carl Anselm

1805 – 1827
Karl Alexander

1827 – 1871
Maximilian Karl
Er mußte 1867 alle Postrechte an die Preußen abtreten.

1883 – 1885
Maximilian Maria

1888 – 1952
Albert

1952 – 1971
Franz Joseph

1971 – 1982
Karl August

1982 – 1990
Johannes
Er heiratete 1980 Gräfin Mariae Gloria von Schönburg-Glauchau.

Fürstin Gloria und ihre Lieblingskatze.

kon ist schon der Eintrag zu lesen: »Gloria Fürstin von Thurn und Taxis, deutsche Managerin.« Die Fürstin lächelt. »Das ehrt mich.«

Die Sanierung des Betriebs ist aber nicht nur Selbstzweck, sie dient auch dazu, die Familientradition fortzusetzen, aus der Verpflichtung erwächst. »Ich sehe für unsere Familie ganz konkret die Verpflichtung, Sozialdienste zu leisten«, sagt Fürstin Gloria – und fügt hinzu: »Auch wenn es verstaubt und altmodisch klingt – wir müssen zurückkehren zu den christlichen Werten. Nächstenliebe zum Beispiel!«

FÜRSTLICHES HAUS

Hohenzollern-Sigmaringen

Sie sind neben den Staufern und Habsburgern die dritte große schwäbische Herrscherdynastie. Das Haus Hohenzollern brachte die preußischen Könige und deutschen Kaiser hervor und beeinflußte über viele Jahrhunderte hinweg das politische Geschehen in Europa. Eher ungewöhnlich in der Geschichte: Diese Fürstenfamilie gab freiwillig ihre Macht auf. Ihren Sinn für Tradition aber hat sie sich bewahrt.

Fürstlicher Glanz: Parade vor Schloß Sigmaringen, Residenz der Fürsten von Hohenzollern-Sigmaringen.

Erbprinz Karl Friedrich (rechts im Bild) spielt leidenschaftlich gern Saxophon. Seine Band hat auch schon die erste CD herausgebracht.

Vor 150 Jahren überließen die Fürsten von HOHENZOLLERN-SIGMARINGEN *ihr Fürstentum den Preußen und wurden fürstliche Geschäftsleute.*

Oben: Fürst Leopold (1835–1905). – Unten: Rumäniens König Carol I. Rechte Seite: Erbprinz Karl Friedrich.

Wenn die Einwohner von Sigmaringen ihr jährliches Stadtfest feiern, ist in der schwäbischen Kleinstadt alles auf den Beinen. Unterhalb des Schlosses drängen sich die Menschen um eine Bühne, auf der ein hochgewachsener Saxophonist mit viel Gefühl »As time goes by« spielt. In schwarzer Jeans, T-Shirt und mit Sonnenbrille ist er der absolute Publikumsliebling: Erbprinz Karl Friedrich von Hohenzollern. Manchmal legt er auch das Saxophon beiseite und singt. Mit Stolz hören die Sigmaringer dann »ihrem« Erbprinzen zu, den viele schon seit seiner Kindheit kennen. Die Auftritte machen dem sonst eher zurückhaltenden Erbprinzen große Freude. Vor Jahren hat Prinz Karl Friedrich eine Band gegründet und mit ihr zusammen eine CD aufgenommen. Ein Teil der Einnahmen, die er mit seiner Musik erzielt, kommt dem Erhalt historischer Bauten zugute, denen sich die Familie Hohenzollern verpflichtet fühlt.

Rechts: Fürst Friedrich Wilhelm (Mitte) mit seinem Sohn Karl Friedrich (2. v. li.) und seinen Brüdern. – Erbprinz Karl Friedrich und seine Frau.

Als ältester von drei Söhnen ist Erbprinz Karl Friedrich schon früh auf seine Rolle als zukünftiger Chef des Hauses vorbereitet worden. Im Gegensatz zu seinen Brüdern hat er sich seinen Beruf nicht selber aussuchen können. Er wäre gern Ingenieur geworden, aber er fügte sich und studierte Betriebswirtschaft.

An's Vaterland, an's teure schliess dich an, das halte fest mit deinem

Am 3. Februar 1951 heiratete der damalige Erbprinz Friedrich Wilhelm von Hohenzollern Prinzessin Margarita zu Leiningen. Von links: Prinzessin Josephine von Hohenzollern, Prinzessin Kyra zu Leiningen, Prinz Meinrad von Hohenzollern, Graf Marquard zu Solm, das Brautpaar, Prinzessin Mecki zu Leiningen, Prinz Johann Georg von Hohenzollern, Prinzessin Maria-Margarete von Hohenzollern und Prinz Karl zu Leiningen.

1987 trat er als Generalbevollmächtigter der Hofkammer an und leitet seitdem die familieneigene Unternehmensgruppe. Im Mittelpunkt stehen die fast dreihundert Jahre alten Laucherthaler Hüttenwerke mit inzwischen 2100 Mitarbeitern; einige von ihnen arbeiten hier schon in der zweiten oder dritten Generation und sind stolz darauf. »Ich kenne viele unserer Mitarbeiter, aber natürlich nicht alle«, sagt der Prinz. »Ich gehe immer wieder durch die Firma und habe einen sehr engen Kontakt mit dem Betriebsrat.« Für ihn ist es wichtig, »daß die Leute sich geborgen fühlen. Daß sie wissen, sie sind in einem Unternehmen, das es seit Jahrhunderten gibt und – was heute noch viel wichtiger ist – das seinen Platz auf dem Markt behaupten kann und erfolgreich ist. Denn der Erfolg des Unternehmens ist ja auch gleichzeitig die Garantie für ihren Arbeitsplatz.« Fünfzig Millionen Mark hat der Prinz in den vergangenen Jahren in die Hüttenwerke investiert, bis zu hundert Millionen Mark sind insgesamt geplant. Darüber hinaus hat er den alten Marstall des Fürstenhauses, der zum Schloß Sigmaringen gehört, zu einer modernen Einkaufspassage umbauen lassen. Die Sigmaringer haben die Passage am Anfang nur zögernd angenommen, sie war ihnen »zu schick und zu clean«, inzwischen gehen sie aber gern dort einkaufen. Zum Unternehmen gehören unter anderem noch ein Baumarkt im Franchise-System und ein großer Elektrohandel in Sigmaringen. Dazu kommen die Forstwirtschaft (14 000 Hektar Wald), Immobilien, ein Pharma-Großhandel und eine Vermögensanlage-Gesellschaft.

Fürst Friedrich Wilhelm und Fürstin Margarita.

Fürst Friedrich Wilhelm (re.) im Gespräch mit seinem Bruder, Prinz Ferfried, der als Jurist tätig ist und in Berlin lebt.

Ein Bild aus glücklicheren Tagen: Fürst Friedrich Wilhelm mit Fürstin Margarita, die 1996 unerwartet verstarb.

Nicht zu vergessen die kanadischen Besitzungen: Wie andere deutsche Fürsten auch hat der Chef des Hauses Hohenzollern, Fürst Friedrich Wilhelm von Hohenzollern, Anfang der sechziger Jahre Land und Wälder im Westen Kanadas gekauft. Hintergrund war die Kuba-Krise und die damit verbundene Angst vor einem Dritten Weltkrieg. Zu dieser Zeit machten sich viele Fürstenhäuser auf die Suche nach einer neuen Lebensgrundlage möglichst weit weg von Europa – und landeten in British Columbia.

Seit 1985 ist Erbprinz Karl Friedrich mit der acht Jahre jüngeren Alexandra Gräfin Schenck von Stauffenberg verheiratet; sie arbeitete früher als Pressefotografin. Das Paar hat zwei Kinder, Alexander (geb. 1987) und Philippa (geb. 1988). Die Familie lebt 10 Kilometer von Sigmaringen entfernt im Schloß Krauchenwies, einem der vier Schlösser – neben denjenigen in Sigmaringen, Hechingen (zu einem Drittel) und Umkirch –, die noch heute im Besitz der Hohenzollern sind.

Zu seinem Vater hat der Prinz, ebenso wie seine Brüder, ein herzliches Verhältnis. Seit dem Tod seiner Frau lebt Fürst Friedrich Wilhelm im Landhaus Josefslust, umsorgt von einer Köchin, unterstützt von einem Gärtner und einem Chauffeur. Denn fahren und, was den Fürsten noch mehr schmerzt, auch fliegen kann er wegen eines Augenleidens nicht mehr. So sitzt ein Pilot am Steuer seiner geliebten, 7sitzigen »Piper«-Maschine, um ihn im Frühjahr oder Herbst in das Schloß seiner Kindheit, Schloß Umkirch bei Freiburg, zu bringen. Die »Piper« wurde vor einem Jahr komplett zerlegt und in den Familienfarben neu gestrichen: schwarz-weiß und mit einem Wappen an der Tür.

In seinem Arbeitszimmer stapeln sich Bücher, Unterlagen, Korrespondenz, Filmkassetten und Tonbänder. Obwohl der Fürst nur noch mit Hilfe eines Lesegeräts arbeiten kann, sitzt er jeden Tag Stunde um Stunde am Schreibtisch. Am liebsten beschäftigt er sich mit Geschichte, dem Fach, das er gerne studiert hätte – wäre er nicht der Älteste und somit gezwungen gewesen, etwas »Vernünftiges« zu erlernen. Doch die Geschichte seiner Vorfahren kennt er natürlich ganz genau.

Zum ersten Mal wurden die Hohenzollern im Jahr 1061 erwähnt. Da schrieb der Mönch Hermann in dem Kloster auf der Bodenseeinsel Reichenau in seiner Chronik, daß bei einem Kampf »Burchard und Wezil von Zollern fielen«. Das sind die ersten Worte über die dritte große schwäbische Dynastie nach den Staufern und Habsburgern.

Gut hundert Jahre später hören wir dann von einem Zoller namens Friedrich; von ihm aus ist die Ahnenreihe lückenlos bis heute nachzuverfolgen. Dessen Enkel, Graf Friedrich III., wurde 1192 durch Heirat Burggraf von Nürnberg. Seine Nachkommen waren die späteren Kurfürsten von Brandenburg, Könige von Preußen und deutschen Kaiser. Zur besseren Unterscheidung nannte man diese Hohenzollern-Linie später »Preußen«.

Bei den »daheimgebliebenen« Hohenzollern verlief zunächst alles ruhig, bis es Anfang des 15. Jahrhunderts zu einem erbitterten Erbstreit kam zwischen den Brüdern Friedrich genannt

Links: Das sogenannte Königszimmer im Sigmaringer Schloß. Unten: Zahlreich sind die gesellschaftlichen Verpflichtungen – hier Fürst und Fürstin sowie das Erbprinzenpaar.

Regenten

1426 – 1439
Eitel Friedrich I.

1433 – 1488
Jos Niklas I.

1488 – 1512
Eitel Friedrich II.

1517 – 1525
Eitel Friedrich III.

1558 – 1576
Karl I.
1576 teilte er den Besitz unter seinen drei Söhnen auf.

1576 – 1606
Karl II.
zu Sigmaringen

1606 – 1638
Johann

1638 – 1681
Meinrad I.

1681 – 1689
Maximilian I.

1689 – 1715
Meinrad II.

1715 – 1769
Josef

1769 – 1785
Karl Friedrich

1785 – 1831
Anton Alois

1831 – 1848
Karl
Er verzichtete 1848.

1848 – 1849
Karl Anton
Er verzichtete 1849 zugunsten des Königs von Preußen.

Schloß Sigmaringen ist seit 1534 im Besitz der Hohenzollern. Heute ist es ein Museum und zeigt unter anderem die größte private Waffensammlung Europas mit über dreitausend historischen Stücken.

der Oettinger, und Eitel Friedrich I. Der Oettinger verschanzte sich auf Burg Hohenzollern, die um das Jahr 1000 erbaut worden war. Daraufhin belagerte Eitel Friedrich 1423 mit den Truppen von achtzehn schwäbischen Reichsstädten die Burg. Nach zehn Monaten wurde sie gestürmt und auf Befehl von Kaiser Sigismund zerstört. Beinahe schien es, als fände die Geschichte der Hohenzollern hier ihr frühes Ende: Während die Burg in Schutt und Asche lag, geriet Eitel Friedrich mehr und mehr in die Abhängigkeit von Württemberg. Es war sogar schon ausgemachte Sache, daß die Hohenzollernsche Grafschaft – sollte Eitel Friedrich kinderlos bleiben –, nach seinem Tod an die Württemberger fallen würde. Da entschloß sich Eitel Friedrich, schon 50 Jah-

re alt, zu heiraten – und bekam einen Sohn. Dieser, Jos Niklas, war die Rettung. Er baute 1454 die Burg wieder auf, mehr noch, er verdoppelte das Herrschaftsgebiet seiner Grafschaft und konnte sich aus der württembergischen Umklammerung befreien.

Die von Jos Niklas erbaute Burg Hohenzollern verfiel jedoch im Lauf der Jahrhunderte, und als 1819 der damals 23jährige Kronprinz Friedrich Wilhelm von Preußen den Stammsitz seiner Familie besuchte, stand er vor erbarmungswürdigen Ruinen. Der einzige erhalten gebliebene Teil war die Michaeliskapelle.

Friedrich Wilhelm von Preußen beschloß, die Burg wieder aufzubauen. Er beauftragte den Architekten August Stüler, der sie in neugotischem Stil und in Anlehnung an spätmittelalterliche Burganlagen praktisch neu errichtete.

Heute gehört die Burg Hohenzollern mit mehreren hunderttausend Besuchern im Jahr zu den beliebtesten Touristenzielen in Deutschland. Leider ist sie auf buchstäblich wackeligem Boden gebaut – auf dem sogenannten Zollerngraben, einem der aktivsten Erdbebengebiete Mitteleuropas. Ein Beben am 3. September 1978 richtete so viel Schaden an, daß zehn Millionen Mark für die Reparaturen aufgebracht werden mußten.

Da die schwäbischen Hohenzollern im 19. Jahrhundert den Berg zur Verfügung gestellt und ein Drittel der Baukosten übernommen hatten, ist Fürst Friedrich Wilhelm heute zu einem Drittel Hausherr der Burg. Die restlichen zwei Drittel sind im Besitz des Hauses Preußen, dessen Chef seit über 150 Jahren auch Chef des Gesamthauses ist. Alle Belange, die die Burg betreffen, werden paritätisch auf den regelmäßigen »Burgherrentreffen« abgestimmt.

Dank des tatkräftigen Jos Niklas war die Familie Hohenzollern schließlich wieder im Aufwind und konnte ihre Macht festigen. Im 16. Jahrhun-

Geschafft: Erleichtert hebt Erbprinz Karl Friedrich nach einem Auftritt mit seiner Band das Glas.

Impressionen aus Schloß Sigmaringen. Von links nach rechts: der Ahnensaal; die Schloß-Remise; eine Außenansicht; Erbprinz Karl Friedrich im Ahnensaal, umgeben von seinen Vorfahren.

1

2

3

Prinz Johann Georg von Hohenzollern, ein Bruder des Fürsten Friedrich Wilhelm – hier 1960 mit seinem neuen Porsche (1); mit seiner Frau, Prinzessin Birgitta, und seinem ältesten, 1962 geborenen Sohn Carl Christian (2); auf einem Empfang zusammen mit seiner Frau (3); bei der Neueröffnung der Alten Pinakothek 1998 (4); mit Prinz Charles (unten). Rechte Seite: Prinz Johann Georg und Prinzessin Birgitta heirateten im Mai 1961.

dert teilte Karl I., wie es zu dieser Zeit allgemein üblich war, den Besitz der Familie unter seinen drei Söhnen auf.

So entstanden 1576 neben der Linie Hohenzollern-Sigmaringen die Linien Hohenzollern-Hechingen und Hohenzollern-Haigerloch, die jedoch ausstarben. Nur die Linie Hohenzollern-Sigmaringen, deren Stammsitz Schloß Sigmaringen war, hat bis heute Bestand. Weil sie im Dreißigjährigen Krieg auf der Seite des Kaisers kämpften, wurden die Grafen von Hohenzollern 1623 in den Reichsfürstenstand erhoben.

Alles verlief in der darauffolgenden Zeit in mehr oder weniger ruhigen Bahnen. Hohenzollern-Sigmaringen überlebte sogar Napoleon, der 1806 die kleinen Fürstentümer rigoros auflöste,

um in Deutschland größere und besser zu kontrollierende Gebiete zu schaffen.

Aber dann kam das Revolutionsjahr 1848, die Bürger gingen auf die Barrikaden und forderten Demokratie. Der damals regierende Fürst Karl bekam es mit der Angst zu tun. Er zog sich in sein Schloß in Böhmen zurück und überließ seinem Sohn Karl Anton die Geschäfte.

Der aber zeigte ebensowenig Neigung, sich mit den Revolutionären herumzuschlagen, und bot das Fürstentum seinem preußischen Vetter Friedrich Wilhelm IV. an. Die Preußen waren einverstanden, und 1849 wurde die Übergabe vertraglich besiegelt. Für dieses »Geschenk« erhielt Karl Anton vom Preußenkönig Ländereien in Brandenburg, Pommern und Böhmen und das Amt des preußischen Ministerpräsidenten.

Die Preußen griffen hart durch in ihrem neuen Land, und nachdem sie die Revolution niedergeschlagen hatten, nahm Friedrich Wilhelm IV. am 23. August 1854 im Hof der Burg Hohenzollern die Huldigung des Volkes entgegen.

Neunzig Jahre später erlebten die Hohenzollern wieder eine Zäsur in ihrer Geschichte. »Ich kann mich noch genau an diesen Tag erinnern«, sagt Fürst Friedrich Wilhelm, der damals gerade 20 Jahre alt war. »Es war der 30. August 1944. Mein Vater feierte in kleinem Familienkreis seinen Geburtstag. Da kam eine Angestellte und brachte ein Telegramm vom Auswärtigen Amt in Berlin, unterzeichnet von Außenminister Ribbentrop. Darin stand in etwa: ›Im Namen unseres

4

ihnen, was ihm eigentlich einfiele, das sei schließlich mein Privatzimmer. Da meinte er, das sei es die längste Zeit gewesen. Er wußte bereits, daß wir bald verhaftet werden sollten. Am 7. September 1944 haben wir schließlich Schloß Sigmaringen verlassen und sind nach Schloß Krauchenwies umgezogen, wo jetzt mein ältester Sohn lebt.«

Die mit Hitler sympathisierende Vichy-Regierung blieb bis April 1945 in Sigmaringen. Dann kamen General de Gaulle und seine Offiziere. Bis 1954 war das Schloß beschlagnahmt und diente als Residenz der französischen Generäle.

Die Ruhe nach dem Umzug nach Schloß Krauchenwies war nur von kurzer Dauer. Bald darauf kam die Gestapo mit Haftbefehlen. Fürst Friedrich Wilhelm erinnert sich: »Dieser Verhaftung ging voraus, daß der rumänische König Michael, der dem Haus Hohenzollern angehörte, das Bündnis mit Hitler verlassen und sich auf die Seite der Alliierten geschlagen hatte. Hitler ließ ja alle Familien, deren ausländische Angehörige sich gegen ihn wandten, verhaften. Ich denke da zum Beispiel an das Haus Hessen und die Landgräfin Marfalda von Hessen, die in Buchenwald ums Leben kam. Und jetzt hatte Hitler es auf uns abgesehen. Wir wurden zum Schloß Wilflingen gebracht und drei Monate lang in Schutzhaft genommen.« Gefährlich wurde es für den jungen Erbprinzen, als der Gestapo ein Brief seines Vetters, des Markgrafen von Meißen, in die Hände fiel (siehe Seite 110). Darin hatte er Friedrich

Prinz Franz Joseph von Hohenzollern, der Bruder des Fürsten, war in der Bevölkerung sehr beliebt. Weil er bis zu seinem Tod 1996 die Hühnerfarm der Familie leitete und sich gern um »seine« Hühner kümmerte, wurde er auch »der Eierprinz« genannt.

Führers und Reichskanzlers möchte ich Ihnen mitteilen, daß ab sofort das Schloß Sigmaringen für die französische Regierung aus Vichy beschlag- nahmt ist. Mit deutschem Gruß, Ribbentrop.‹ Das hat natürlich meinen Vater stark getroffen. Aber was sollte er machen? Schon nach wenigen Tagen liefen überall im Schloß Gestapo-Leute herum. Sie scheuten sich nicht, auch Privatgemächer aufzusuchen. Ich sagte zu einem von

Michael, Ex-König von Rumänien und Mitglied des Hauses Hohenzollern, und Königin Ana kehrten im März 1997 für fünf Tage nach Rumänien zurück. Am Flughafen von Bukarest wurden sie von einer begeisterten Menge begrüßt.

Vor den Dreharbeiten zu ihrer nächsten Fernsehsendung erholt sich Prinzessin Angela von Hohenzollern in Frankreich – hier in Saint-Paul-de-Vence.

Wilhelm vor einer Verhaftung gewarnt und geschrieben, daß die Nazis wohl »nächstes Jahr ausgepfiffen haben«. »Diesen Brief legte mir die Gestapo vor und sagte, ich hätte meinen Vetter anzeigen müssen, weil er doch gegen Führer, Volk und Vaterland arbeite. Nun, diese Episode wurde schnell dadurch beendet, daß die Gestapo-Leitzentrale in Stuttgart bei einem Bombenangriff zerstört wurde. Alle Unterlagen waren vernichtet. Am 9. November 1944 wurden wir wieder entlassen – und wir waren frei.«

Nach dem Krieg studierte Prinz Friedrich Wilhelm Volkswirtschaft und heiratete 1951 Prinzessin Margarita zu Leiningen, die 1996 starb. Aus der Ehe gingen drei Söhne hervor: Erbprinz Karl Friedrich (geb. 1952), Albrecht (geb. 1954) und Ferdinand (geb. 1960).

Der Fürst ist nicht nur Chef des Hauses Hohenzollern, sondern auch Vorsitzender des »Hauschef-Treffens«, bei dem die Chefs der ehemals regierenden Häuser regelmäßig zusammenkommen. »Dabei geht es um familiäre Interessen, um Namensschwindel, Hochstapelei, Verkäufe von Namen – alles sehr unerfreuliche Dinge, gegen die man sich wehren muß.« Besonders am Herzen liegt ihm der Malteserorden. 22 Jahre lang war Friedrich Wilhelm Präsident der schlesischen Assoziation des souveränen Ritterordens. Und es ist für ihn eine große Freude, daß seine Söhne Albrecht und Ferdinand sich heute ebenfalls im Orden engagieren. »Und sie tun das freiwillig – das ist ja gerade das Schöne daran! Es ist also angeboren, dieses Bedürfnis, Menschen zu helfen, die sich in Not befinden.«

Auch dies eine Wahrung alter Tradition. »Vielleicht«, so Erbprinz Karl Friedrich, »ist das der Grund, weshalb der Adel heute eine neue gesellschaftliche Attraktivität erhalten hat. Viele sehen die Adligen inzwischen als eine Gruppe von Menschen, die alte Werte und Traditionen aufrechterhält. Werte, für die es lohnt einzustehen.«

HERZOGLICHES HAUS

Sachsen-Coburg und Gotha

Die Anfänge dieses Herzogtums reichen bis ins 13. Jahrhundert zurück. Es war nie besonders groß und auch nie besonders mächtig. Trotzdem gelang es dem Haus Sachsen-Coburg und Gotha, in vielen europäischen Dynastien eine wichtige Rolle zu spielen – dank Herzogin Auguste. Diese verheiratete ihre Töchter und Söhne so geschickt, daß die Coburger schon bald in der ersten Reihe des Adels saßen.

Großes Treffen der Harley-Davidson-Fans auf dem Schloßplatz in Coburg im Juli 1998. Gastgeber war Erbprinz Andreas von Sachsen-Coburg und Gotha (unten; am Mikrofon).

Prinz Andreas kam aus Amerika, um das Erbe von

SACHSEN-COBURG UND GOTHA

zu übernehmen.

Rechts: Prinz Andreas vor Schloß Reinhardsbrunn. – Unten: König Leopold I. von Belgien verdankte seinen Thron der Klugheit seiner Mutter Auguste von Sachsen-Coburg. – Der Herzoglich Sachsen Ernestinische Hausorden wurde 1833 gestiftet.

Rechte Seite: Zur Hochzeit des Großherzogs Ernst Ludwig von Hessen mit Prinzessin Victoria, der Tochter des Coburger Herzogs Alfred, 1894 fanden sich illustre Familienmitglieder, wie etwa die englische Königin Victoria (Mitte), in Coburg ein.

Der kleine Prinz war gerade vier Jahre alt, als seine Mutter, Prinzessin Victoria-Luise, im Jahr 1947 mit ihm nach Amerika auswanderte. Sein Stiefvater war amerikanischer Besatzungsoffizier in Berchtesgaden gewesen, wo er die Mutter von Prinz Andreas von Sachsen-Coburg und Gotha kennengelernt hatte. Sie war zu dieser Zeit bereits geschieden von Herzog Friedrich Josias, dem Chef des Hauses.

Fast zwanzig Jahre lang blieb Erbprinz Andreas in New Orleans. »Aber ich habe immer gewußt, daß ich eines Tages nach Deutschland zurückkommen würde.«

Als Andreas 23 Jahre alt wurde, war es soweit. Gleich zwei Gründe machten ihm die Entscheidung leicht. Zum einen stand seine Einberufung in die amerikanische Armee kurz bevor – was voraussichtlich zur Folge gehabt hätte, daß er wenig später in Vietnam gelandet wäre –, zum anderen erwartete ihn in Deutschland ein großes Familienvermögen. Da fiel die Wahl nicht schwer.

Mit dem Deutsch haperte es allerdings. »Ich hatte es zwar in der Schule gelernt, aber dieses Schuldeutsch war minimal« – was sich allerdings zunächst einmal als Vorteil erwies. Denn kaum hatte der Prinz deutschen Boden betreten, wurde er zur Bundeswehr eingezogen. Doch seine Vorgesetzten merkten sehr bald, daß – egal ob sie kommandierten oder kritisierten – der Prinz sie nicht verstand. Prinz Andreas muß immer noch lachen, wenn er an diese Zeit zurückdenkt.

Supertourenwagen-Meisterschaft auf dem Norisring in Nürnberg 1998. Zaungäste sind Prinz Andreas (rechts) und (neben ihm) König Carl Gustav von Schweden. – Prinz Andreas macht ein Foto von König Carl Gustav für das Familienalbum.

Nicht nur die Sprache mußte er lernen, auch einen ganz neuen »way of life«. »Die Gesellschaftsformen in Europa und Amerika sind ja doch ziemlich unterschiedlich.« Außerdem mußte er sich »erst einmal langsam in der Verwandtschaft vorarbeiten, denn die Vettern und Cousinen kannte ich nur dem Namen nach. Heute kenne ich die Großfamilie ganz gut.«

Nach der Bundeswehr ging Prinz Andreas nach Hamburg und arbeitete dort im Holzhandel – eine gute Vorbereitung für seine heutige forstwirtschaftliche Arbeit in den familieneigenen Wäldern. Danach war er vier Jahre lang für ein japanisches Lebensmittelunternehmen tätig.

In dieser Hamburger Zeit lernte er seine Frau Carin kennen. Sie ist die Tochter eines Hamburger Fabrikanten. Anders als in vielen Adelshäusern, deren Hausgesetze bei der Partnerwahl streng auf Ebenbürtigkeit achten, sieht man dieses Thema in der Familie Sachsen-Coburg ein wenig lockerer. »Man setzt sich zusammen«, sagt Prinz Andreas, »spricht miteinander und entscheidet gemeinsam, ob wir jemanden als ebenbürtig anerkennen können.« So wurde auch Carin Dabelstein in die Familie aufgenommen.

Mit ihr lebt Prinz Andreas heute in einer Villa mit Blick auf die Veste Coburg. Sein Vater, Herzog Friedrich Josias, lebte bis zu seinem Tod auf Schloß Grein in Österreich. Prinz Andreas und seine Frau haben drei Kinder: Stephanie (geb. 1972) hilft ihrem Vater in der Verwaltung, während der ältere Sohn Hubertus (geb. 1975) in Würzburg Jura studiert, um eines Tages Chef des Familienunternehmens zu werden. Der jüngere Sohn Alexander (geb. 1977) macht eine Lehre in einer Baumschule.

Verwandtenbesuch aus England: Prinz Andreas begrüßt Prinz Andrew (rechts) in Coburg. Oberbürgermeister Norbert Kastner (links) und Landrat Karl Zeitler »machen ihre Aufwartung«.

Eröffnung des Familienmuseums Schloß Callenberg: Prinz Andreas (links), Josephine-Charlotte von Luxemburg und Simeon von Bulgarien. Auch Königin Paola von Belgien (hinter Prinz Andreas) ist gekommen.

Vor dem Krieg lebte die Familie im Sommer auf Schloß Callenberg, im Winter auf der Coburger Veste, die inzwischen der Staat übernommen hat; und der denkt nicht daran, eine Heizung einzubauen, so daß die Familie, die dort immer noch Wohnrecht hat, jämmerlich frieren müßte. Prinz Andreas sieht das eher gelassen. »Wohnen möchte ich dort sowieso nicht – es sei denn, es würde von mir verlangt.«

Sie mag ja zum Wohnen ungemütlich sein, dennoch gehört die Veste zu den schönsten Burganlagen in Deutschland. Im Jahr 1056 wird sie zum ersten Mal urkundlich erwähnt, mit dem Namen Koburk. 1225 befand sich die Veste im Besitz der Herzöge von Andechs-Meranien.

Ihre große Zeit begann, nachdem 1353 die Wettiner die Burg übernommen hatten; als das Haus Wettin sich teilte, fielen die Veste und das Land 1486 an die ernestinische Linie der Wettiner, die Coburg zu ihrer Residenz machten. Ursprünglich waren Sachsen-Coburg und Gotha zwei unabhängige Herzogtümer, die erst 1826 zusammengelegt wurden.

Zu den wichtigsten Regenten dieses kleinen Landes gehörte Herzog Johann Casimir, der 1572 den Thron bestieg. Eine sonderlich sympathische Person war er nicht, und seine Frau Anna hatte bald genug von ihrem rechthaberischen und impotenten Gatten und vergnügte sich mit einem Liebhaber. Das brachte Casimir derart in Rage, daß er seine Frau einsperrte und zwanzig Jahre hinter Schloß und Riegel hielt, zeitweise auch auf der Veste. Ihrem Liebhaber erging es noch schlimmer; er blieb bis zu seinem siebzigsten Lebensjahr in Haft. Als er begnadigt wurde,

Queen Victoria und Prinz Albert von Sachsen-Coburg und Gotha – eine der wenigen Liebesheiraten in Europas Dynastien.

Geburtstagsfeier für Herzog Friedrich Josias auf Schloß Grein. Rechts im Bild Prinz Andreas mit seiner Frau Carin.

Oben: Schloß Reinhardsbrunn (li.); die Veste Coburg (re.). Sie wurde bereits 1056 urkundlich erwähnt und gehört zu den schönsten Burganlagen Deutschlands.

Unten, von links nach rechts: Schloß Ehrenburg ist heute ein Museum; der Festsaal des Schlosses Ehrenburg; Schloß Friedenstein; das romantische Schlößchen Rosenau, das Queen Victoria besonders liebte.

regte er sich darüber so auf, daß er starb. Trotz allem muß man fair gegenüber Herzog Johann Casimir sein: Er brachte das Land wirtschaftlich in Schwung und sorgte für Rechtssicherheit. Casimir erließ unter anderem eine Polizeiordnung, eine Verordnung für den Marktbetrieb sowie ein Schulgesetz. Außerdem verdankt ihm Coburg den herzoglichen Kanzleibau, das Zeughaus und das Gymnasium.

Zu internationalem Ruhm kam das Land unter Herzog Franz Friedrich Anton; genauer gesagt, war es die Herzogin Auguste (1757 – 1831), die durch die geschickte Verheiratung ihrer Töchter und Söhne dafür sorgte, daß zum Schluß fast alle europäischen Höfe mit den Sachsen-Coburgern verwandt waren (siehe Seite 88). Auch das englische Königshaus gehörte zu den Verwandten: Victoria, die spätere englische Königin, heiratete Prinz Albert von Sachsen-Coburg und Gotha.

Die Queen kam gern nach Coburg, insgesamt siebenmal, und stiftete nach dem Tod Prinz Alberts sogar ein Denkmal für den Verstorbenen.

»Wäre ich nicht, was ich bin«, schrieb sie im Jahr 1845 während eines Aufenthalts auf Schloß Rosenau, »würde dies mein wirkliches Heim sein.« Sie genoß die Idylle des Ortes und die Ruhe des Landes.

Schloß Rosenau, in dem die Queen so gern gelebt hätte, wurde von Herzog Ernst I. erbaut, ebenso die neugotische Sommerresidenz

Reinhardsbrunn bei Gotha. Ernst war es auch, der im Jahr 1826 das Herzogtum Gotha hinzugewann und sich von nun an Herzog von Sachsen-Coburg und Gotha nannte.

Als ungewöhnliches Multitalent erwies sich sein Nachfolger, Herzog Ernst II.: Politiker, Soldat, Dichter, Komponist und Schauspieler in einer Person. Er war sehr liberal eingestellt – weshalb ihn die anderen Fürsten mit großem Argwohn beobachteten. Außerdem war er ein eifriger Verfechter der deutschen Einheit. Auf seine Initiative wurde 1860 in Coburg der »Deutsche Turnverein« gegründet, und 1862 kam hier der »Deutsche Sängerbund« zusammen.

Ein besonderes Verdienst: Herzog Ernst II. führte die Pressefreiheit ein, wodurch Coburg zu einem Zentrum nationaler und freiheitlicher Gesinnung wurde. Als General kämpfte er 1866 auf preußischer Seite gegen die Österreicher und bewies dabei, daß er auch auf militärischem Gebiet seinen Mann stand.

Seine Vorliebe aber galt der Musik und dem Theater. So verwundert es nicht, daß seine Mätresse, mit der er auch ein Kind hatte, eine Schauspielerin war. Ein erstaunlicher Mann, dieser Herzog, der neben seinen vielen politischen und gesellschaftlichen Verpflichtungen noch die Zeit fand, fünf Opern, zwei Operetten und zahllose Lieder zu komponieren.

Die verwandtschaftlichen Verbindungen nach England waren inzwischen so eng, daß nach dem Tod von Herzog Ernst II. der zweitälteste Sohn Königin Victorias die Regentschaft übernahm. Alfred war Herzog von Edinburgh und nun, 1893, auch Herzog eines deutschen Kleinstaats. Er war verhei-

Prinz Andreas und Prinzessin Carin mit ihren Kindern Hubertus (links), Stephanie und Alexander.

Die Hochzeitspolitik in Sachsen-Coburg

Herzogin Auguste brachte ihre Töchter und Söhne so geschickt unter, daß bald fast alle europäischen Dynastien mit ihrem Haus verwandt waren.

Die Idee war ebenso einfach wie genial: Wenn das kleine Sachsen-Coburg in den großen und mächtigen Ländern möglichst viele Fürsprecher hat, dann dient das der Sicherheit des Landes. Und wer sind die besten Fürsprecher? Verwandte natürlich! So dachte Herzogin Auguste (1757 bis 1831) und machte sich ans Werk. Sie fuhr mit ihren beiden Töchtern nach St. Petersburg und antichambrierte so lange, bis sie die Tochter Juliane als Gemahlin des Zaren-Bruders untergebracht hatte. Die andere, Viktoria, vermählte sie mit dem Herzog von Kent, dem jüngeren Bruder des englischen Königs. Viktorias Tochter trug denselben Namen; sie wurde später die berühmte Queen Victoria – und heiratete Prinz Albert von Sachsen-Coburg und Gotha. Ihre Tochter »Vicky« wurde die Mutter des letzten Deutschen Kaisers, Wilhelm II. Aber auch ihre Söhne wollte Herzogin Auguste gut plazieren. Dem Sohn Ferdinand besorgte sie eine ungarische Prinzessin; die Kinder und Enkel aus dieser Ehe übernahmen den Thron in Portugal und Bulgarien. Sohn Leopold bekam Prinzessin Charlotte und wurde nach ihrem Tod König von Belgien. Herzogin Augustes Rechnung ging auf: Nach einigen Jahrzehnten waren fast alle europäischen Dynastien mit den Sachsen-Coburgern verwandt – was Otto von Bismarck zu der Bemerkung verleitete, das Haus Sachsen-Coburg und Gotha sei das Gestüt Europas.

Zur Taufe des Erbprinzen Johann Leopold im Jahr 1906 findet sich hoher Besuch auf Schloß Ehrenburg ein. Die im Innenhof entstandene Aufnahme zeigt sitzend, von links u.a.: Kaiserin Auguste Viktoria, Marie Herzogin von Albany sowie Viktoria Adelheid von Sachsen-Coburg und Gotha mit dem Erbprinzen; hinter ihr Kaiser Wilhelm II. und Herzog Carl Eduard.

ratet mit Marie Alexandrowna, einer Tochter des russischen Zaren Alexander II. Die beiden taten sich ein wenig schwer mit den Coburgern, denn sie sprachen kaum Deutsch und wurden mit den für sie so fremden Verhältnissen nie völlig vertraut. Als ihr einziger Sohn starb, ging das Erbe an den Enkel von Königin Victoria. Diese schickte den damals erst 15jährigen Carl Eduard nach Deutschland. Vorher ermahnte sie den Jungen, der die Eliteschule in Eton besuchte: »Tu deine Pflicht und sei ein guter Deutscher!«

Prinz Andreas mit seinem ältesten Sohn, Prinz Hubertus, der Jura studiert.

Regenten

1572 – 1633
Herzog Johann Casimir

1800 – 1806
Herzog Franz Friedrich Anton

1806 – 1844
Ernst I., erster Herzog von Sachsen-Coburg und Gotha

1844 – 1893
Herzog Ernst II.

1893 – 1900
Herzog Alfred

1905 – 1918
Herzog Carl Eduard
Er war der letzte Regent und dankte 1918 ab.

Nach Herzog Alfreds Tod im Jahr 1900 und einer Übergangszeit bis zu seiner Volljährigkeit übernahm Carl Eduard 1905 die Regentschaft. Er war der letzte regierende Herzog, 1918 mußte er abdanken. Im selben Jahr wurde sein Sohn Friedrich Josias geboren, der Vater des heutigen Chefs des Hauses. Carl Eduard blieb auch nach seiner Abdankung politisch aktiv. 1933 wurde er Präsident des Deutschen Automobil-Clubs und war unter anderem auch Präsident des Deutschen Roten Kreuzes. Nach dem Zweiten Weltkrieg machte man ihm seine Nähe zum Hitler-Regime zum Vorwurf.

Der kleine Prinz Andreas mit seiner Mutter, Prinzessin Victoria-Luise, im Sommer 1945.

Prinz Andreas nimmt heute seinen Großvater in Schutz: »Als in den Wirren der Weimarer Zeit der Nationalsozialismus langsam Gestalt annahm, hat er, wie manch anderer auch, gemeint: Wenn ein paar anständige Menschen dabei sind, kann etwas Gutes aus dieser Bewegung werden... Das war ein Irrglaube, aber diese Meinung vertraten damals viele.«

Der Zweite Weltkrieg bedeutete auch für das Herzogtum Teilung: Gotha fiel an die DDR und damit fast zwei Drittel (1415 Quadratkilometer) des

1

2

3

4

1. Prinz Andreas.
2. Prinzessin Stephanie mit Freund.
3. Prinz Hubertus.
4. Prinzessin Carin und Prinz Andreas.
Unten: Prinz Alexander mit Freundin.

Rechte Seite: Prinz Andreas und sein Sohn Hubertus auf der Jagd im Karwendel.

Herzogtums; das kleinere Sachsen-Coburg hatte sich im Jahr 1920 für die Zugehörigkeit zum Freistaat Bayern ausgesprochen. Jetzt, nach der Wiedervereinigung, wird um die Rückgabe der enteigneten Ländereien prozessiert.

»Es ist noch immer ein schwebendes Verfahren«, sagt Prinz Andreas, »aber ich habe im Rahmen der gesetzlichen Möglichkeiten bereits 2000 Hektar aus dem ehemaligen Besitz zurückgekauft, um wieder vor Ort tätig sein zu können – und damit die Menschen uns wieder kennenlernen.« Mit dem Kauf vergrößerte er den Familienbesitz auf 15 000 Hektar, verstreut in Österreich, Schottland, Oberfranken und nun auch wieder in Thüringen. Die Reaktionen der Menschen in der ehemaligen DDR sind widersprüchlich. »Einerseits sehr positiv«, so der Prinz, »aber es gibt auch Mißtrauen – und Mißverständnisse. Manche glauben, sie könnten nicht mehr in den Wald gehen, weil er jetzt privat ist.«

Die Angestellten im herzoglichen Wald haben ganz offensichtlich keine Probleme mit ihrem hoheitlichen Arbeitgeber. Mitten im Forst, am sogenannten Rennsteg, haben sie sich eine besondere Überraschung für den Prinzen ausgedacht: ein Dreieck auf einer Lichtung, eingefaßt nur mit Materialien, die der Wald liefert. An einem großen Felsen prangt eine Messingplatte mit der Aufschrift »Prinz-Andreas-Eck«; in einer anderen Ecke steht ein alter Grenzstein aus dem Jahr 1606.

Prinz Andreas hatte zunächst geglaubt, sich parteipolitisch neutral verhalten zu müssen. »Ich dachte, man muß schließlich nach allen Seiten offen sein. Andererseits ist es doch ganz normal, daß man zur einen oder anderen Seite neigt.«

Heute sitzt der Prinz in der CSU-Fraktion des Coburger Stadtrats. Auch das ist, so der Prinz, eine Möglichkeit, etwas für sein Land zu tun. »Das halte ich für ganz wichtig, und das gebe ich auch an meine Kinder weiter. John F. Kennedy hat einmal gesagt: Frag nicht, was dein Land für dich tun kann, sondern frag, was du für dein Land tun kannst! In diesem Gedanken sind wir in den Staaten erzogen worden« – sagt der Prinz aus Amerika.

Fürstenberg

Den Anfang machte Graf Egino. Er wurde im Jahr 1070 in einer Urkunde erwähnt und gilt als Stammvater des Hauses Fürstenberg. Durch geschickte Heiratspolitik, Erbschaften und einen ausgeprägten Geschäftssinn konnten die Fürsten zu Fürstenberg ihren Einfluß bis nach Österreich und Böhmen ausweiten. Ihr Fürstentum wurde bereits 1806 aufgelöst – aber das erwies sich später als Glücksfall.

Fürst Joachim Egon zu Fürstenberg (Mitte) mit Erbprinz Heinrich, Erbprinzessin Maximiliane und Enkel Antonius. Christian, der ältere Sohn des Prinzenpaars, studiert in den USA.

Erbprinzessin Maximiliane kümmert sich mit viel Idealismus und Sachverstand um das Gestüt.

Ihr Fürstentum fiel 1806 Napoleons Reformen zum Opfer. Trotzdem, der Name **FÜRSTENBERG** *ist weltbekannt. Ein Bier ist daran schuld, die Donau und anderes mehr.*

Glückwünsche von der »Fürstenberg-Armee« für Fürst Joachim Egon zum 60. Geburtstag.

Erbprinzessin Maximiliane zu Fürstenberg war empört über die Arroganz, mit der von ihren geliebten Araber-Pferden gesprochen wurde. Schon seit Jahren hatte sie dafür gekämpft, daß bei den 1A-Rennen auf den großen deutschen Rennbahnen neben Vollblütern endlich auch wieder Araber laufen dürfen. Doch die Besitzervereinigung für Vollblutzucht weigerte sich beharrlich, dem Drängen nachzukommen, und nun behauptete ein Mitglied des Direktoriums auch noch dies: »Die Hamburger Derby-Bahn ist ein Heiligtum. Da kann man doch keine Araber-Rennen stattfinden lassen. Das wäre ebenso schlimm, als würde Idi Amin im Kölner Dom ein Pontifikalamt zelebrieren.«

Der sogenannte Fürstenberger Lehensbecher aus vergoldetem Silber wurde vermutlich um 1480 für Heinrich zu Fürstenberg angefertigt.

Doch das wollte die Erbprinzessin und Präsidentin des »Deutschen Rennvereins für Arabische Vollblüter« nicht auf ihren Pferden sitzenlassen. Sie engagierte sich weiter, mit Charme und Enthusiasmus, bis sie es geschafft hatte: Im September 1997 fand in Hamburg das erste Araber-Derby statt.

Angefangen hatte das alles, als Maximiliane, geborene Prinzessin zu Windisch-Graetz, 1976 den Erbprinzen Heinrich zu Fürstenberg heiratete. Der Bräutigam schenkte ihr zur Hochzeit den Araber-Hengst »Djabir« – für geruhsame

Links: Graf Friedrich II. zu Fürstenberg erbte 1534 die Grafschaft Heiligenberg nördlich des Bodensees.

Unter Fürst Karl Egon II. (oben) wurde das Fürstentum 1806 von Napoleon aufgelöst. Durch die Hochzeit mit Amalie von Baden (unten) konnte er jedoch einige Hoheitsrechte zurückgewinnen.

Ein Salon und ein Speisezimmer (rechte Seite) im Schloß von Donaueschingen.

Ausritte im heimischen Schwarzwald. Aber »Djabir« erwies sich als hervorragender Zuchthengst, und so ist aus einer kleinen Zucht mittlerweile ein Gestüt geworden, um das sich »Milena«, wie Prinzessin Maximiliane von ihren Freunden genannt wird, mit viel Sachverstand kümmert.

Obwohl das Schloß Donaueschingen sich noch immer im Besitz der Familie befindet, lebt das Erbprinzenpaar nicht weit davon in einem Landhaus – weil es sich einfacher bewirtschaften und beheizen läßt. Der ältere Sohn Christian (geb. 1977) studiert in den USA und ist daher nur selten zu Hause. Der jüngere Antonius (geb. 1985) besucht noch das Donaueschinger Gymnasium, das den Namen seiner Familie trägt. Ein Vorfahre von Antonius, Fürst Joseph Wenzel, hat das Fürstenberg-Gymnasium gegründet und mit einem speziellen Fonds dafür gesorgt, daß die Schule sich selbst finanzieren konnte.

Wie so oft in den Residenzstädten der Fürstentümer ist auch Donaueschingen durch die fürstliche Familie nachhaltig geprägt worden. Stadt und Fürstenhaus bilden eine enge Gemeinschaft. Als Stammvater der Fürstenbergs gilt Graf Egino, um 1070 Inhaber der Grafschaft Urach im heutigen Württemberg. Ihm zu Ehren haben alle männlichen Mitglieder des Hauses den Namen Egon in ihrer Vornamenreihe. Ein Nachkomme dieses Egino zog um 1250 in die Burg Fürstenberg bei Donaueschingen und nannte sich von da an Graf von Fürstenberg. Im Jahr 1488 kauften die Fürstenbergs für

Fürst Joachim Egon vor seinem Porträt. Das Bild des spanischen Malers R. Macarrón (1983) zeigt den Fürsten mit dem Orden vom Goldenen Vlies.

5300 Rheinische Gulden das Dorf Donaueschingen. Der Landgraf Joseph Wilhelm Ernst, der 1716 zum Reichsfürsten erhoben wurde, machte den Ort 1723 zu seiner Residenz. Durch geschickte Heiratspolitik, günstige Erbschaften und mit ausgeprägtem Geschäftssinn konnten die Fürstenbergs ihren Besitz und Einfluß enorm erweitern – bis nach Österreich und Böhmen. In Prag zeugt heute noch das Palais Fürstenberg von der einstigen Präsenz des Hauses.

Der Reichtum ermöglichte es den Fürstenbergs, als großzügige Mäzene aufzutreten – so zum Beispiel in der Musik. 1763 kam die Familie Mozart zu einem zwölftägigen Besuch an den Hof, und der kleine Wolfgang, gerade mal zehn Jahre alt, komponierte für den Fürsten ein Cello-Stück. 24 Golddukaten zahlte der Fürst dafür, und für Wolfgang und seine Schwester Nannerl gab es noch einen Diamantring extra.

Ende des 18. Jahrhunderts waren am Hof in Donaueschingen besonders Opern gefragt, und so fanden die deutschen Erstaufführungen von Mozarts »Die Entführung aus dem Serail« und »Die Hochzeit des Figaro« am Hof der Fürstenbergs statt. Diese Musiktradition setzte sich fort mit den »Kammermusikaufführungen zur Förderung zeitgenössischer Tonkunst«, zu denen Fürst Max Egon II. im Jahr 1921 einlud. Die jungen Komponisten kamen dieser Aufforderung gerne nach. Und so wurden in Donaueschingen zum Beispiel Werke von Béla Bartók, Paul Hindemith, Anton von Webern, Richard Strauss und anderen, die inzwischen zu den Klassikern gehören, zum ersten Mal in der Öffentlichkeit gespielt und vom Publikum beklatscht oder ausgebuht.

Nach dem Zweiten Weltkrieg knüpfte man an diese »Kammermusikaufführungen« an und rief die »Donaueschinger Musiktage für zeitgenös-

Prinz Maximilian Egon zu Fürstenberg, Vater von Fürst Joachim, auf einem Gemälde von Graham Sutherland (1959). Rechts ein Diener mit den der Familie verliehenen Orden.

Zwei Räume im Schloß von Donaueschingen. Die erlesene Einrichtung spricht für den Geschmack der Schloßherren. Das Rokoko-Zimmer (ganz rechts) zählt heute noch zu den schönsten Räumen der Residenz der Fürsten zu Fürstenberg.

Die Residenz der Fürsten zu Fürstenberg in festlichem Glanz. Das Schloß wurde in den Jahren nach 1722 errichtet und kurz vor der Jahrhundertwende im Stil der Gründerjahre umgebaut.
Links: Fürst Joachim Egon vor dem Schloß. Der Park hat eine Besonderheit: Hier befindet sich die Quelle der Donau.

Regenten

1716 – 1762
Joseph Wilhelm Ernst
erster Fürst
zu Fürstenberg

1762 – 1783
Fürst Joseph Wenzel

1783 – 1796
Fürst Joseph Maria Benedikt

1796 – 1804
Fürst Karl Joachim

1804 – 1854
Fürst Karl Egon II.
Er war der letzte souveräne Fürst des Geschlechts. 1806 wurde das Fürstentum der Fürstenbergs durch Napoleon aufgelöst.

sische Tonkunst« ins Leben, die noch immer Jahr für Jahr aufmerksam von Musikfreunden und Kritikern verfolgt werden.

Mäzenatentum hat in der Familie Tradition. Das zeigt sich auch an den berühmten Kunstsammlungen der Fürstenbergs, die zu den größten Privatsammlungen Deutschlands zählen. Die Gemäldegalerie besitzt mittelalterliche Tafelmalereien und Holzskulpturen, darüber hinaus Werke von Künstlern, die einen großen Namen haben – Hans Holbein d. Ä., Lucas Cranach d. Ä., Mathias Grünewald und viele andere. Zu den bedeutendsten Exponaten gehören »Die graue Passion« von Hans Holbein und der Wildensteiner Altar. Erbprinz Heinrich pflegt dieses Vermächtnis nicht nur, sondern erweitert es: Er ist ein begeisterter Anhänger und Sammler zeitgenössischer Malerei.

Schätze ganz besonderer Art bietet auch die 200 000 Bände umfassende Bibliothek, zu deren Fundus zum Beispiel die »Hohenemser Handschrift C« des berühmten Nibelungenlieds gehört, das etwa um 1230 entstand. Der Wert der Bibliothek ist unvorstellbar: 1982 ließ der Fürst zwanzig wertvolle Folianten versteigern. 1992 gab er eine Handschriftensammlung, darunter »Parzival« von Wolfram von Eschenbach, für 48 Millionen Mark an das Land Baden-Württemberg ab. 1994 verkaufte er dem Land noch ein-

Die Empfangshalle im Donaueschinger Schloß (unten) dient bei besonderen Anlässen auch als Speisesaal (rechts).

Das Turnier von Donaueschingen

Einmal im Jahr treffen sich die besten Reiter und Kutschenfahrer ganz Deutschlands im Park vor dem Schloß des Fürsten zu Fürstenberg.

Ein großes Ereignis ist jedes Jahr im September das viertägige »Prinz Kari von Fürstenberg-Turnier«. Diese alte Fürstenberg Tradition wird heute zusammen mit dem Reiterverein und der Stadt weitergeführt. Das ursprünglich rein dörfliche Turnier ist heute ein bundesweit beachtetes Sportereignis: Zu dieser Veranstaltung treffen sich im Schloßpark Reiter und Kutschenfahrer der Spitzenklasse. Höhepunkt der Veranstaltung sind die Spring-, Dressur- und Fahrprüfungen, die von den zahlreichen Besuchern gespannt verfolgt werden. Zu den Organisatoren des beliebten Turniers gehört auch die zweitälteste Fürstenberg-Tochter Marie-Antoinette, Ehefrau des Springreiters Thomas Bagusat.

Das traditionelle Turnier ist heute ein vielbeachtetes Sportereignis, das Tausende von Besuchern anlockt.

Die Preisverleihung gehört zu Fürst Joachims schönsten Verpflichtungen (rechts). Auch Erbprinz Heinrich und Erbprinzessin Maximiliane (links) übernehmen diese Aufgabe gern.

mal für 2,3 Millionen Mark kostbare Inkunabeln, und eine Versteigerung anderer wertvoller Bücher in London brachte 8 Millionen Mark ein.

Kuriosum der fürstlichen Sammlung ist ein Reiseurinal von Napoleon, denn der Name des Franzosenkaisers hat keinen guten Klang im Hause Fürstenberg. Die deutsche Kleinstaaterei mit ihren Eifersüchteleien und Zwistigkeiten unter den Duodez-Fürsten war dem Korsen ein Dorn im Auge: Er wollte in Deutschland stabile und berechenbare Verhältnisse schaffen. Um das zu erreichen, mediatisierte er viele kleine Fürstentümer, d.h., er löste sie auf; deren Territorien fielen an die größeren Fürstentümer oder Königreiche. So schlug auch für das kleine Fürstentum der Fürstenbergs die letzte Stunde. Fürstin Karoline, Witwe des zwei Jahre zuvor verstorbenen Fürsten Karl Joachim, bemühte sich zwar im Mai 1806 verzweifelt, Napoleon umzustimmen, aber was Karoline nicht wußte: Der Herzog von Württemberg und das Haus Baden hatten gegenüber Napoleon bereits den Wunsch geäußert, das Fürstenberg-Territorium unter sich aufteilen zu wollen. Als Karoline beim Kaiser vorsprach, war die Entscheidung schon getroffen. Den größten Teil des Fürstentums erhielt Baden, der Rest fiel an Württemberg und Hohenzollern.

Nach dem Sturz Napoleons schöpften die Fürstenbergs, wie auch die anderen »mediatisierten« Fürsten, neue Hoffnung. Dieses Mal war es Fürstin Elisabeth, die kämpfte: Sie fuhr 1816 zum Wiener Kongreß, auf dem die Könige und Fürsten Europas wieder eine Ordnung nach ihrem eigenen Wohlgefallen herstellten, und forderte die Rückgabe ihres Fürstentums – vergeblich. Zwar war man sich einig in der Verurteilung des Franzosenkaisers, aber was er anderen zugeschanzt hatte, das rückten diese nicht mehr heraus. Fürstin Elisabeth stand auf verlorenem Posten. Alles, was sie erreichte, war, daß den Fürstenbergs und den anderen um ihre Souveränität gebrachten Familien einige Feudalrechte

Links: Fröhliche Tischnachbarinnen – Fürstin Gloria von Thurn und Taxis und Erbprinzessin Maximiliane.

Oben: Fürst Joachim Egon und Fürstin Paula. Mitte: Erbprinzessin Maximiliane und Erbprinz Heinrich. – Unten: Ira zu Fürstenberg und Mohammed al Sady.

Schloß Heiligenberg am Bodensee. Dieses Gemälde von Martin Menrad entstand 1664. Anlaß war vermutlich die Erhebung der Heiligenberg-Linie in den Fürstenstand.

erhalten blieben. Als sogenannte Standesherren waren sie weiterhin »ebenbürtig«, was bedeutete, daß sie in den höchsten Adel einheiraten durften. Sie bildeten nun die priviligierte Schicht zwischen den Landesherren und ihren Untertanen – für Fürstin Elisabeth eine bittere Pille. Ihr Kommentar war entsprechend: »Sie begnügen sich also, uns unsere Ebenbürtigkeit mit den Unterdrückern zuzusichern, als ob es in ihrer Macht stünde, unsern Adel zu schmälern.«

Ein Jahr später, 1817, als sie die Leitung des Hauses Fürstenberg an ihren Sohn Karl Egon weitergab, sagte sie voll Bitterkeit: »Die alles zerstörende Zeit hat manchen Nimbus zerstreut, der deine Vorväter umgab – ausgelöscht aus der Zahl der immediaten Reichsfürsten bist du nunmehr ein Gutsbesitzer wie so viele andere!«

Doch ganz so schlimm war es nicht. Die Fürstenbergs durften alles behalten, was sie von ihren Vorfahren geerbt hatten; da erging es ihnen besser als vielen ihrer »Unterdrücker«, die hundert Jahre später, 1918, abdanken und erhebliche Einbußen an Hab und Gut hinnehmen mußten. Außerdem hatte Elisabeth dafür gesorgt, daß ihr Sohn eine Nichte des Großherzogs von Baden heiratete, eben jenes Mannes, der den größten Teil des kleinen Fürstentums geschluckt hatte. Elisabeth ließ sich vom neuen Landesherrn Steuerprivilegien und einige Hoheitsrechte vertraglich zusichern, unter anderem Schulaufsicht, Ortspolizei und Forstgerichtsbarkeit.

Kritisch wurde die Situation für die Familie noch einmal nach dem Ersten Weltkrieg, als die Franzosen den gesamten Besitz beschlagnahmen wollten. Aber man konnte sich einigen: Die Fürstenbergs zahlten eine Million Reichsmark, dafür blieb ihr Eigentum unangetastet.

Kurz darauf, 1923, wurde Joachim Egon geboren; 1973 folgte er seinem Onkel Karl Egon V. als Chef des Hauses. Fürst Joachim ist Ehrenbürger von Donaueschingen, Heiligenberg und Friedenweiler, Ehrensenator der Universität Konstanz und unter anderem Träger des Ordens vom Goldenen Vlies, Ritter des Schwarzen Adlerordens und Komtur des bayerischen St.-Georg-Ordens.

Fürst Joachim Egon, auch »Jocki« genannt, und Fürstin Paula, eine geborene Gräfin zu Königsegg-Aulendorf, sind seit 1947 verheiratet und haben sechs Kinder. Ihr ältester Sohn, Erbprinz Heinrich (geb. 1950), leitet inzwischen den weitverzweigten Fürstenberg-Konzern. Nach der Familie Thurn und Taxis sind die Fürstenbergs

Der Rittersaal in Schloß Heiligenberg, das in den Jahren 1575/76 erbaut wurde.

Die Erbprinzen-Familie zu Fürstenberg. Von links: Erbprinzessin Maximiliane, Prinz Antonius, Prinz Christian und Erbprinz Heinrich.

die größten Waldbesitzer in Süddeutschland (20 000 Hektar), dazu kommen Wälder in den USA und in Kanada. Wie überall kämpft auch die fürstliche Forstwirtschaft gegen die Auswirkungen der Umweltverschmutzung. Um den Waldbestand zu erhalten, gilt das Prinzip der Nachhaltigkeit. Das bedeutet: Es wird nur so viel Holz aus dem Wald geholt, wie im gleichen Zeitraum nachwächst. In der »Holzindustrie Fürst zu Fürstenberg« in Hüfingen wird das geschlagene Holz zu Strommasten, Lärmschutzanlagen, Gartenbänken und Industrieverpackungen weiterverarbeitet. Prinz Heinrich obliegt auch die Verwaltung der Schlösser Donaueschingen, Stühlingen und Heiligenberg, die zum Teil bewohnt werden, aber auch Museum sind, und deren Räume für Ausstellungen und andere Veranstaltungen gemietet werden können.

Hauptsäule des fürstlichen Unternehmens, in dem insgesamt etwa 1500 Angestellte tätig sind, ist die Brauerei in Donaueschingen. Als der habs-

Familienfoto im Grünen. Von links: Erbprinz Heinrich, Erbprinzessin Maximiliane, Prinz Karl Egon Friedrich, Landgraf Johannes zu Fürstenberg mit seiner Frau, Prinzessin Stephanie, Fürst Joachim Egon mit seiner Frau, Fürstin Paula, Prinzessin Marie-Antoinette mit ihrem Mann Thomas Bagusat, Prinzessin Anna Lucia und ihr Mann James Geraldo.

Unten: Schloß Heiligenberg. Hier lebt das Erbprinzenpaar mit seinen Kindern jeden Sommer für einige Wochen.

Rechte Seite: Die Kapelle von Schloß Heiligenberg.

burgische Kaiser Rudolf 1283 Graf Heinrich die Grafschaft Baar mit Donaueschingen übertrug, gewährte er ihm auch das Braurecht. Bereits Ende des 14. Jahrhunderts wurde in den Schenken des Dorfes und in seiner Umgebung Fürstenberg-Bier getrunken. 1470 etablierte sich die Brauerei schließlich als gewinnbringender Wirtschaftszweig. Ende des 19. Jahrhunderts war sie mit vierzig Mitarbeitern die größte Brauerei Badens und lieferte jährlich 10 000 Hektoliter nach Paris. Zur gleichen Zeit gelang es dem Braumeister Josef Munz, eines der ersten Biere Pilsner Brauart in Deutschland herzustellen. Kaiser Wilhelm II. schmeckte dieses Bier so gut, daß er es zu seinem Tafelgetränk machte. Das war die beste Empfehlung, und so kam das Fürstenberg-Bier auf alle Luxusdampfer und in die Salonwagen der Mitropa.

Ein Bier mit Weltruf, das damit werben kann, mit dem Wasser aus der hauseigenen Donauquelle gebraut zu sein. Tatsächlich entspringt die Donau im Park von Schloß Donaueschingen, was aber kein Zufall ist, sondern Machwerk der fürstlichen Vorfahren. Sie ließen den Fluß umleiten und verlegten so die Ursprungsquelle der Donau in den eigenen Park.

Fürst Joachim erzählt, daß seine Vorfahren im 17. Jahrhundert ihre Gäste hier an der Quelle mit einem besonderen Ritual empfingen. Die ahnungslosen Gäste bekamen erst einmal einen Schluck Rotwein aus der »Sackpfeife«, danach ertönten Trommelwirbel und Böllerschüsse – dann mußten die Gäste, egal zu welcher Jahreszeit, in die Donauquelle springen.

Da ist das kühle Donauwasser in Form eines Fürstenberg-Pils sicherlich bekömmlicher.

Sachsen

Die steile Karriere der Wettiner begann im 11. Jahrhundert mit der Belehnung der Markgrafschaft Meißen. Bald spielten die Kurfürsten und Könige von Sachsen eine entscheidende Rolle im europäischen Machtspiel. Das schillerndste Familienmitglied ist König August der Starke, der »Gründer« der glanzvollen Residenzstadt Dresden. Für die Familie heute bedeutet die Vergangenheit auch Auftrag für die Zukunft.

Kurfürst Friedrich August III. von Sachsen (Mitte) empfing 1791 Kaiser Leopold II. von Österreich (li.) und Friedrich Wilhelm II. von Preußen (re.) auf Schloß Pillnitz.

Der künftige Chef des Hauses, Prinz Alexander von Sachsen, mit seiner Frau Gisela und den Söhnen Georg, Mauricio und Clemens.

Silber und Porzellan machten sie reich. Aber in den beiden Weltkriegen verloren die **SACHSEN** *ihre Macht und fast allen Besitz. Doch jetzt zeigt sich ein Silberstreif am Horizont.*

Die Burg »Vitin« an der Saale. Sie gab den Wettinern ihren Namen. Hier begann der Aufstieg der sächsischen Herrscher.

Gerissen und schlau: Kurfürst Moritz regierte nur zwölf Jahre (1541 bis 1553), aber er verschaffte den Sachsen wieder Macht und Einfluß.

Er war 18 Jahre alt, als ihn die Gestapo holte. Markgraf Maria Emanuel von Meißen, Chef des Hauses Wettin, erinnert sich noch sehr gut an jenen Morgen des 14. September 1944. Der Pförtner von Haus Wachwitz kam herbeigelaufen und sagte, zwei Männer in langen Mänteln und mit Schlapphüten seien unterwegs hinauf zum Schloß. Maria Emanuel wußte, daß es nun soweit war. Er ging in sein Zimmer und packte einen kleinen Koffer. Seine Eltern waren verreist, so daß er sich nur von seinen Schwestern Maria Josepha und Maria Anna verabschieden konnte. Inzwischen hatten die beiden Männer das Schloß erreicht. Der Prinz von Sachsen, so lautete Maria Emanuels Titel, öffnete die Tür und sagte: »Meine Herren, ich bin bereit.«

Sie brachten ihn in das Dresdner Polizeipräsidium, wo bereits ein hoher Gestapo-Mann auf ihn wartete und ihm die »Rechnung« präsentierte: Der junge Prinz war den Nazis schon seit längerem unangenehm aufgefallen. Er hatte den Mund nicht halten können und sich bei jeder passenden Gelegenheit über die Nazis lustig gemacht. Außerdem hatte er Feindsender gehört und »wehrkraftzersetzende Äußerungen« gemacht. Das Schlimmste aber war sein Brief an den damaligen Prinzen Friedrich Wilhelm von Hohenzollern. Irgendwie war dieser Brief in die Hände der Gestapo gelangt. Darin hatte Maria Emanuel geschrieben, daß der mit Deutschland verbündete König Michael von Rumänien, ein Verwandter der Fürstenfamilie, plane, sich auf die Seite der Alliierten zu schlagen. Wenn dies geschehe, sei der Fürst in höchster Gefahr... Und dann auch noch dieser Satz: »Das verfluchte Reich wird ja ganz bestimmt nächstes Jahr ausgepfiffen haben.« Das war Hochverrat – darauf stand Todesstrafe. Ein Gerichtsbeamter erhielt den Auftrag, den Prin-

Markgraf Maria Emanuel von Meißen und seine Frau, geb. Prinzessin Anastasia-Louise von Anhalt, vor Schloß Moritzburg. Hier wurde 1997 der »Wettiner Schatz« gefunden.

zen in das Gefängnis nach Sigmaringen zu bringen. Sie fuhren mit dem Zug. In Ulm hatten sie eine gute Stunde Aufenthalt, und der Prinz bat darum, die befreundete Familie Magin besuchen zu dürfen. Er wußte, daß sein Vater sich einige Tage bei den Magins aufhalten wollte. Der Prinz versprach, in einer Stunde wieder zurückzukehren – Ehrenwort. Der Beamte zögerte, gab aber dann doch seine Zustimmung.

Aber der Vater war kurz zuvor abgereist. Eine knappe Stunde blieb Maria Emanuel bei den Magins, dann stand er auf – wenn er sich jetzt aus dem Staub gemacht hätte, niemand außer den Nazis hätte es ihm verübelt. Aber das tat er nicht. Er sagte: »Ich muß jetzt gehen. Ich kann den Mann nicht warten lassen, es würde ihn den Kopf kosten.« Es war eine Frage der Ehre.

Man brachte Maria Emanuel nach Sigmaringen, anschließend ins Gefängnis nach Saulgau. Dort erfuhr er, daß der berüchtigte Präsident des Volksgerichtshofs, Roland Freisler, der auch die Schauprozesse gegen die Widerstandskämpfer des 20. Juli führte, ihn zum Tode verurteilen wollte. Daher wurde der Prinz in das Gefängnis

Regenten

1089 – 1103
Heinrich I. von Eilenburg, Markgraf von Meißen

1156 – 1190
Markgraf Otto

1307 – 1323
Markgraf Friedrich I.

1423 – 1428
Kurfürst Friedrich I.

1464 – 1500
Herzog Albrecht

1541 – 1553
Kurfürst Moritz

1694 – 1733
Kurfürst Friedrich August I. (August der Starke)

1733 – 1763
Kurfürst Friedrich August II.

1763 – 1806
Kurfürst Friedrich August III.

1827 – 1836
König Anton

1836 – 1854
König Friedrich August II.

1854 – 1873
König Johann

1873 – 1902
König Albert

1902 – 1904
König Georg

1904 – 1918
König Friedrich August III.

Glanzvolles Dresden

August der Starke wollte mit seiner Residenzstadt Eindruck machen. Das ist ihm gelungen.

Die Semperoper, 1871 bis 1878 erbaut. Unten: August der Starke liebte den Prunk. Sein vergoldetes Reiterstandbild hätte ihm gefallen.

Den ersten Glanz brachte Kurfürst Moritz in die Stadt. Er ließ 1547 das Schloß erweitern und holte Baumeister und Künstler aus Italien nach Dresden. Was Moritz zaghaft begann, setzte August der Starke mit aller Pracht fort. Seit 1697 war er polnischer König – und das sollte auch jeder sehen. Ein Ausdruck seiner neuen Herrscherwürde war der von Matthäus Daniel Pöppelmann entworfene Zwinger, benannt nach der nahe gelegenen Befestigung. Der Zwinger, ein künstlerischer Höhepunkt des Barock, ist der architektonische Rahmen für einen Platz, auf dem August große Feste veranstaltete. Dem König gefiel der Zwinger so gut, daß er ein neues Schloß plante, mit dem Zwinger als Vorhof. Aber daraus wurde nichts. Zur selben Zeit baute George Bähr die Frauenkirche, ebenfalls ein Kunstwerk von europäischem Rang; sie wurde im Zweiten Weltkrieg zerstört und wird jetzt wieder aufgebaut. Eines der berühmtesten Gebäude der Stadt ist die Semperoper des Architekten Gottfried Semper, 1871 bis 1878 erbaut im Stil des römischen Barock. Zum Glück blieben die Pläne erhalten, so daß die im Krieg zerstörte Oper wieder originalgetreu aufgebaut werden konnte. 1985 erstrahlte das Haus im neuen Glanz. Sachsens Kurfürsten machten Dresden zur Kulturmetropole; Gemälde- und Kunstgalerien entstanden, im Albertinum war die erste Sammlung antiker Skulpturen außerhalb Italiens zu bewundern, und im »Grünen Gewölbe« sammelte August der Starke seine Preziosen: Tischdekorationen, Trink- und Schmuckgefäße, Spiegel und Uhren. Teuerstes Stück der Sammlung, die jetzt im Albertinum gezeigt wird, ist der »Hofstaat zu Delhi am Geburtstag des Großmoguls Aureng-Zeb«. Auf einer Fläche von einem Quadratmeter prangt der indische Hof aus Gold, Silber, Smaragden, Perlen und 5000 Diamanten. – Eine Besonderheit Dresdens war: Hier lebten weniger Adlige als in anderen Residenzstädten, in denen sie riesige Paläste errichteten. Prachtbauten gab es in Dresden natürlich auch, geprägt wurde die Stadt aber vom immer reicher werdenden Bürgertum, das sich in den engen Gassen seine eigenen kleinen, aber hochfeinen »Paläste« baute. So entstand ein einzigartiges städtebauliches Juwel, das schon bald Maler, Musiker und Künstler aller Richtungen anlockte und Dresden zu einem bedeutenden kulturellen Zentrum machte. Eine in der Tat glanzvolle Stadt, die da über drei Jahrhunderte gewachsen war – und in nur wenigen Stunden zerstört wurde. In der Nacht vom 13. zum 14. Februar 1945 legten Bomben die Stadt in Schutt und Asche. Die Zahl der Toten wurde niemals festgestellt. – Einen Monat zuvor beschloß Prinz Ernst-Heinrich von Sachsen, der auf Schloß Moritzburg lebte, wenigstens einen Teil des Familienschatzes vor der anrückenden Roten Armee zu retten. Er ließ 43 große Kisten bauen und packte in sie die kostbarsten Stücke: das Tafelsilber Augusts des Starken, das Krönungsservice von August III. und andere Kunstgegenstände. Diese Kisten vergruben seine Söhne Dedo und Gero dann im Schloßpark. Doch die Kisten wurden von der Roten Armee entdeckt und in die damalige Sowjetunion gebracht – bis auf drei Kisten, die erst im Jahr 1997 zufällig gefunden wurden. Erstaunliches kam bei dieser spektakulären Entdeckung zutage: Schmuck, Geschirr, Besteck, Becher, Leuchter, Münzen und mehrere mit wertvollen Edelsteinen besetzte Kreuze. Prunkstück des »Wettiner Schatzes« ist der »Mohrenkopf«, ein Trinkgefäß aus vergoldetem Silber.

Daß all diese Kostbarkeiten heute wieder im Besitz des Hauses Wettin sind, ist den Findern zu verdanken. Sie waren ehrlich und meldeten den Behörden: Wir haben einen Schatz gefunden!

Der Zwinger. – Unten: Prinz Dedo von Sachsen (li.) und der Markgraf von Meißen bewundern den »Mohrenkopf«.

Der Fürstenzug an der Schloßwand in Dresden zeigt insgesamt 35 sächsische Herrscher.

von Potsdam gebracht. Es stand schlecht um den 18jährigen Maria Emanuel, Enkel des letzten Königs von Sachsen und ältester Sohn einer Familie, die seit Jahrhunderten die Geschichte Deutschlands mitbestimmt hatte ...

Der Hofstaat des Aureng-Zeb – ein Märchen aus Silber, Gold und 5000 Diamanten.

Der Aufstieg der Familie begann in Deutschland im Jahr 1089. König Heinrich IV. belehnte den Grafen Heinrich von Eilenburg mit der Markgrafschaft Meißen, um die Ostgrenze des Reiches zu sichern. Der Name Wettin geht zurück auf die Burg »Vitin« an der Saale. Vielleicht wären die Wettiner, wie so viele andere Familien, bald wieder in der Versenkung verschwunden, wenn ihnen nicht das Glück zu Hilfe gekommen wäre. Im Jahr 1168 nämlich entdeckte man bei Freiberg im Erzgebirge Silber. Der Fundort lag jedoch in einem Gebiet, das der damalige Markgraf Otto dem Zisterzienserkloster Altzella geschenkt hatte. Hier wollte er die neue Begräbnisstätte der Wettiner errichten. Otto war ein praktisch denkender Mann und – Pietät hin, Pietät her – der Gedanke, die Toten auf Silber zu betten, ging ihm derart gegen den Strich, daß er die Schenkung kurzerhand rückgängig machte und den Abbau des Silbers befahl. Dieses Silber war der Grundstock für den späteren Reichtum der Wettiner.

Und es kam noch besser. 1423 erhob König Sigismund den Markgrafen Friedrich I. zum Kurfürsten. Jetzt saßen die Wettiner in der ersten Reihe des Deutschen Reiches. Ihr Herrschaftsgebiet wuchs und erstreckte sich schließlich vom Main und der Werra im Westen bis über die Elbe im Osten, vom Erzgebirge im Süden bis nahe Berlin im Norden. Außer den Habsburgern gab es im Deutschen Reich keine mächtigere Familie. Und alle glaubten, es könne nur aufwärts gehen. Das war ein Irrtum.

Seit 1464 regierten die Brüder Ernst und Albrecht gemeinsam – zwanzig Jahre lang, dann wollte Ernst sein eigener Herr sein und verlangte die Teilung des Landes. Albrecht wehrte sich, aber Ernst war der ältere und konnte seine Forderung durchsetzen. Im Jahr 1485 wurde die Teilung durch einen Vertrag geregelt: Albrecht übernahm als Herzog die Gebiete Meißen, Leipzig, Dresden und Nordthüringen; Ernst behielt den Kurkreis Wittenberg, Thüringen, die fränkischen Besitzungen – und die Kurfürstenwürde. Noch heute teilt sich die Familie in die ernestinische und albertinische Linie; durch diesen Vertrag wurden die Wettiner in ihrer politischen Bedeutung erheblich geschwächt.

Und doch trugen sie gerade in dieser Situation in hohem Maße die Verantwortung für eine neue Bewegung, die ganz Europa entscheidend verän-

dern sollte: In Wittenberg stellte sich ein ehemaliger Augustinermönch namens Dr. Martin Luther gegen die allmächtige römisch-katholische Kirche. Seine Angriffe waren derart scharf, daß der Papst ihn mit dem Bann belegte. Kurfürst Friedrich der Weise aus der ernestinischen Linie nahm den Mönch unter seinen Schutz und versteckte ihn 1521 auf der Wartburg. Dort begann Luther mit seiner berühmten Bibelübersetzung. Unter Friedrichs Schirmherrschaft wurde Wittenberg schließlich zum Zentrum der Reformation. Nicht nur die Wettiner, auch viele andere Fürsten nahmen den neuen Glauben an und schlossen sich zu einem Bündnis zusammen. Der katholische Kaiser Karl V., der sich dem Papst verpflichtet fühlte, sah darin eine wachsende Bedrohung. 1546 entschloß er sich, diesen Bund zu zerschlagen.

Inzwischen hatte im Herzogtum Sachsen, in der albertinischen Linie also, der junge Moritz die Regierung übernommen. Er war erst 20 Jahre alt, aber gerissen wie kein anderer. Er witterte die Chance, die ernestinischen Ländereien für die Albertiner zurückzugewinnen. Deshalb stellte sich Moritz, obwohl selber Protestant, auf die Seite des Kaisers – gegen seinen ernestinischen Verwandten Kurfürst Johann Friedrich, der die Protestanten anführte. Seine Rechnung ging auf. 1547 zerschlugen die kaiserlichen Truppen bei Mühlberg das protestantische Heer. Der Kaiser bedankte sich bei Moritz, indem er Johann Friedrich zwang, nicht nur große Teile seines Landes, sondern auch die Kurfürstenwürde an Moritz abzutreten. Den Ernestinern blieb lediglich das thüringische Reichsfürstentum, das sich aber bald durch Erbteilung in die Herzogtümer Weimar, Gotha, Coburg, Meiningen und Altenburg auflöste. Moritz triumphierte. Er war jetzt Kurfürst und hatte sein Herrschaftsgebiet um das Doppelte vergrößert. Es ging wieder bergauf mit den Wettinern.

Ihre glanzvollste Zeit bescherte ihnen Friedrich August I., der im Jahr 1794 mit 24 Jahren die Regierung übernahm. Ein junger, gebildeter, weitgereister Mann. Er hatte sich in Europa

Der Markgraf und die Markgräfin von Meißen vor dem Fürstenzug – und im Gespräch mit dem Ministerpräsidenten von Sachsen, Kurt Biedenkopf.

Meissener Porzellan

Die Geschichte der berühmtesten Porzellanmanufaktur der Welt begann mit einer Panne: August der Starke wollte Gold, statt dessen bekam er Porzellan.

Perfektion und Schönheit – das gilt sowohl im Kleinen, wie bei der Figur (li.), als auch im Großen: kunstvoller Kandelaber (re.).

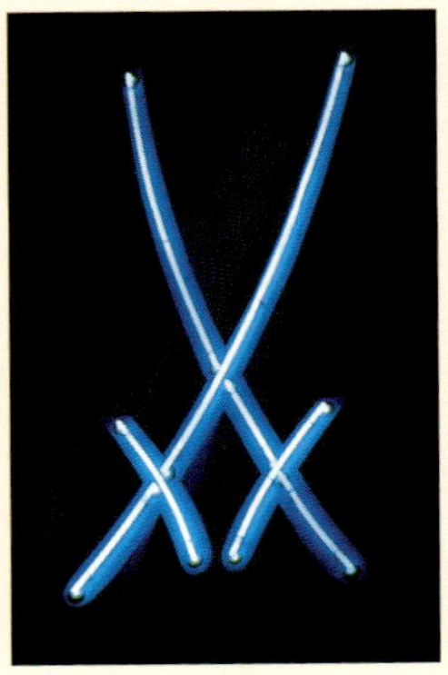

Die »Blauen Schwerter« werden fälschungssicher unter der Glasur eingebrannt. – Unten: Die Muster sind vorgegeben, aber jeder Maler nimmt sich die Freiheit zu variieren. Zuerst werden die Konturen aufgetragen, dann beginnen die Feinarbeiten. – Links: Vase mit Blumenmalerei.

Johann Friedrich Böttger war 19 Jahre alt und leichtsinnig. Er erzählte jedem in Wittenberg, daß er Gold herstellen könne. Als August der Starke dies hörte, ließ er den jungen Mann 1701 nach Dresden bringen. Von da an schuftete Böttger als Gefangener des Königs. Gold fand er nicht. Dafür jedoch 1708 die Rezeptur für Porzellan. Zur Goldgrube entwickelte sich die Porzellanmanufaktur, die bald nach Meißen verlegt wurde, aber erst mit Johann Gregorius Höroldt. Er kam 1720, ein Jahr nach Böttgers Tod, dazu und übernahm die malerische Gestaltung des immer feiner werdenden Porzellans. Höroldt entwickelte verschiedene Porzellanfarben und Muster, wie das berühmte blaue »Zwiebelmuster«. Weltruhm erlangte die Manufaktur unter der Leitung von Johann Joachim Kändler. Der Bildhauer begann 1731 damit, aus Porzellan Figuren von makelloser Schönheit zu schaffen. Seit 1723 verwendet die Manufaktur zur Kennzeichnung des »echten Meissener« die kobaltblauen Schwerter – bis heute ein Markenzeichen der höchsten Qualität.

umgesehen, sprach Französisch, Italienisch und Sächsisch und war voller Ideen. Und er hatte Ehrgeiz. In seinen Träumen sah er sich schon als Kaiser Augustus, Herr einer europäischen Großmacht. Für ihn war es wie ein Wink des Himmels, als 1696 mit dem Tod von König Johann III. Sobieski der Thron von Polen vakant wurde. Friedrich August stellte sich zur Wahl – und gewann. Nicht, daß ihn die Polen besonders geliebt hätten, aber er zahlte gut. Die Bestechungsgelder an den polnischen Adel und die Kirchenfürsten waren so großzügig, daß er den französischen Konkurrenten Carl Ludwig von Bourbon-Conti ausstechen konnte. Einen kleinen Schönheitsfehler gab es noch: Friedrich August war Protestant – für die erzkatholischen Polen ein schwerer Makel, den er jedoch mühelos beseitigte, indem er im Eiltempo zum Katholizismus übertrat. Jetzt war der Weg frei, und am 15. September 1697 wurde er im Krakauer Dom zum polnischen König gekrönt.

Viel Freude hatte er nicht an dieser Krone. Nach einem verheerenden Krieg mit Schweden mußte er sie 1706 wieder abgeben. Er gewann sie zwar 1709 zurück, aber erst nach erheblichen Zugeständnissen an die Polen. So mußte er seinem Geheimen Kabinett, mit dessen Hilfe er in Sachsen absolutistisch herrschte, verbieten, sich in polnische Angelegenheiten zu mischen.

Er begriff wohl, daß sein Traum, dem französischen Sonnenkönig Ludwig XIV. an Bedeutung gleichzukommen, sich nicht erfüllen ließ. Aber wenigstens wollte er so leben. Er ließ Paläste, Kirchen und Prachtstraßen in Warschau bauen und verwandelte auch Dresden in eine der schönsten Residenzstädte im Deutschen Reich. Rauschende Feste, üppige Bankette, glanzvolle Bälle, grandiose Opernaufführungen, brillante Konzerte, aufwendig inszenierte Schauspiele – der sächsische Hof stand bald im Ruf, der kultivierteste in ganz Deutschland zu sein. Friedrich August sparte an nichts. Geld hatte er ja, und das nicht allein aus den Silberminen. Um 1700 entdeckte man in der Andreasgrube Kaolin, und dem Apotheker Johann Friedrich Böttger gelang es, das begehrte Porzellan herzustellen (siehe linke Seite). Im Jahr 1710 nahm die berühmte Meissener Porzellanmanufaktur den Betrieb auf und entwickelte sich zu einem lukrativen Geschäft.

Auch sich selbst vergaß er nicht. Friedrich August gönnte sich zwölf Mätressen, flüchtige Affären noch nicht mitgezählt. 365 Kinder sagt man ihm nach – aber das ist wohl ein Gerücht, verbreitet von den prüden Preußen, denen so viel Lebenslust unheimlich war. Seine Ehefrau, Christiane Eberhardine, Prinzessin von Brandenburg-Bayreuth, ließ ihn gewähren

Die nächste Prinzen-Generation der Wettiner: Clemens, Georg und Mauricio waren gar nicht begeistert davon, Mexiko verlassen zu müssen. Inzwischen aber fühlen sie sich in Dresden wie zu Hause.

Für das Prinzen-Paar Alexander und Gisela bedeutet die Ernennung zur Nachfolge die Auflösung einer florierenden Firma in Mexiko-Stadt und eine radikale Veränderung ihres bisherigen Lebens.

Zwei Kenner der Geschichte Sachsens: der Markgraf von Meißen und L. G. Röth, Leiter des »Sächsischen Buch- und Graphikkabinetts«.

und zog sich nach Schloß Pretzsch zurück. Viele Jahre stand ihm Gräfin Cosel am nächsten – bis sie den fatalen Fehler beging, ihn fester an sich binden zu wollen und dabei auch nicht vor Erpressung zurückschreckte. Der König reagierte mit aller Härte: Er verurteilte die Gräfin zu lebenslanger Haft auf Burg Stolpen; dort starb sie auch, nach 49 Jahren. Friedrich August starb 1733. Sein Körper wurde in Krakau beigesetzt, sein Herz aber blieb in Dresden – in einer silbernen Kapsel, verwahrt in der Hofkirche.

Nach ihm verblich der Glanz allmählich. Die sparsamen Preußen im Norden wurden immer mächtiger, fielen ins reiche Sachsen ein und verwüsteten Dresden. 1763 verloren die Wettiner schließlich auch noch die polnische Krone.

1806 kehrte für kurze Zeit der Glanz zurück. Kurfürst Friedrich August III. hatte sich auf die Seite Napoleons gestellt, und zum Dank dafür erhob ihn der Kaiser der Franzosen zum König von Sachsen und zum Großherzog von Warschau. Aber dafür zahlte er einen hohen Preis. Nach Napoleons Untergang zwangen die Sieger 1815 auf dem Wiener Kongreß den sächsischen König, 58 Prozent seines Territoriums an das hungrige Preußen abzugeben.

Es wurde stiller in Dresden, dennoch gelang es den sächsischen Königen, ihrer Residenzstadt den Ruf als ein Zentrum für Kunst und Kultur zu bewahren – bis zum Ersten Weltkrieg, der die deutschen Könige von ihren Thronen stürzte. Der letzte Sachsenkönig, Friedrich August III., dankte am 13. November 1918 ab. »Da macht

Der Markgraf von Meißen als Ehrengast beim Schützenfest. Nicht nur wegen seines Namens ist er ein gerngesehener Gast – auch wegen seines Humors.

Rechte Seite: Der letzte König von Sachsen, Friedrich August III. (re.), mit »Emmelchen« Maria Emanuel, dem heutigen Markgrafen von Meißen. Die stolzen Eltern sind Prinz Friedrich Christian und Prinzessin Elisabeth Helene.

eiern Dreck alleene!« soll er dabei gesagt haben. Das hätte gut gepaßt zu diesem humorvollen Mann, der im Volk sehr viel Sympathie genoß. Aber so war es nicht. Justizminister Heinze, der den König davon unterrichten mußte, daß sein Rücktritt unausweichlich war, berichtete später: »Der König forderte mich auf, Platz zu nehmen, und nachdem er meinen Vortrag regungslos angehört hatte, antwortete er nicht sogleich. Er legte die Arme auf den Tisch und den Kopf darauf.« Es war still im Raum, niemand sprach ein Wort. Nach einer Weile hob der König den Kopf. Dann nahm er schweigend die Abdankungsurkunde und unterschrieb. So endete die Herrschaft der Wettiner – nach 829 Jahren.

Friedrich August zog sich nach Schloß Sibyllenort bei Breslau zurück. Dort starb er am 18. Februar 1932. Bei seinem Begräbnis in Dresden gaben ihm 400 000 Menschen das letzte Geleit.

Sein ältester Sohn Georg war Priester geworden, deshalb folgte ihm nun der jüngere Friedrich Christian als Chef der Familie Wettin mit dem Titel Markgraf von Meißen. Er heiratete Elisabeth Helene von Thurn und Taxis und hatte fünf Kinder. Sein ältester Sohn war Prinz Maria Emanuel, der nun in einer Zelle im Potsdamer Gefängnis saß und auf sein Todesurteil wartete.

Der Prozeß sollte am 3. März 1945 stattfinden. Doch dann geschah Unerwartetes. Der Präsident des Volksgerichtshofs, Roland Freisler, der den Kopf des Prinzen forderte, starb am 3. Februar während eines Luftangriffs im Gerichtssaal, erschlagen von einem herabstürzenden Balken. Sein Nachfolger war milder und verurteilte Maria Emanuel zu zweieinhalb Jahren Zuchthaus. Aber als die Rote Armee auf Berlin zurückte, ließ man ihn frei. Das war am 24. April 1945.

Der Krieg zerstreute die Familie in alle Welt. Das DDR-Regime beschlagnahmte sämtliche Besitzungen. Nichts blieb – außer drei Kisten mit Tafelsilber, Schmuck, Münzen und edelsteinbesetzten Kreuzen (siehe Seite 113).

Maria Emanuel ging 1947 in die Schweiz und arbeitete erfolgreich als Illustrator und Grafiker, später stieg er ins Börsengeschäft ein. Im Jahr 1962 heiratete er Prinzessin Anastasia-Louise von Anhalt und ließ sich in La Tour de Peilz am Genfer See in der Schweiz nieder. Nach dem Tod seines Vaters im Jahr 1968 wurde er Chef des Hauses Wettin. La Tour de Peilz hat er von Anfang an als Exil betrachtet. Nichts wünschte er sich sehnlicher, als »zu seinen Leuten« in Sachsen zurückzukehren. Es wäre ihm möglich gewesen, in allen Ehren sogar, denn die DDR-Regierung lud ihn und seine Frau offiziell ein. Der Markgraf antwortete, er käme gern, allerdings nur, wenn den sächsischen Landsleuten freie Wahlen und die allgemein anerkannten Menschenrechte zugestanden würden und enteignete Bürger ihren Privatbesitz zurückerhielten. Davon allerdings mochte der »Arbeiter- und Bauernstaat« nichts hören.

GRÄFIN COSEL

Anna Konstanze Gräfin von Cosel war neun Jahre lang die Lieblings-Mätresse von August dem Starken. Als sie jedoch anfing, Intrigen zu spinnen, verurteilte sie der König 1712 zu lebenslanger Haft auf Burg Stolpen (unten). Dort starb sie 1765. Solange August lebte, gab sie nie die Hoffnung auf eine Begnadigung auf. Aber er hat ihr nie verziehen.

Markgraf Friedrich Christian von Meißen (li.) mit seinem Sohn Maria Emanuel und seiner Frau Elisabeth, Prinzessin Mathilde und Prinz Albert. – Unten: Aus dem Fotoalbum der Kinderfrau Karoline Amos – Maria Emanuel am Tag seiner Firmung mit seiner Schwester Maria Josepha; Ferien in Swinemünde, 1934.

Nach dem Fall der Mauer 1989 nutzten die Königlichen Hoheiten die erstbeste Gelegenheit, nach Dresden zu fahren. Doch die Zeiten, in denen Angehörige der ehemaligen Königsfamilie auf der Straße erkannt und ehrfurchtsvoll begrüßt wurden, waren vorbei. Nach vierzig Jahren DDR-Regime kann das nicht verwundern. Nichtsdestotrotz, die Wettiner sind keineswegs vergessen, dafür sorgten sogar die DDR-Oberen: Sie stellten mit großem Pomp das Reiterstandbild von August dem Starken wieder auf und sparten dabei auch nicht an der Vergoldung – irgendwie war man ja doch stolz auf diesen Mann, der Polen sozusagen nach Sachsen holte.

Und was denken die Polen darüber? Lange Zeit galt die Fremdherrschaft der Wettiner von 1697 bis 1763 als »Verfinsterung Polens«. Heute erkennt man, daß diese Zeit auch ihre guten Seiten hatte: Sie brachte den Polen eine der längsten Friedensperioden in ihrer Geschichte, die Aufklärung blühte auf, und die Wirtschaft erholte sich. Als sich 1997 zum dreihundertsten Mal die Krönung Augusts des Starken jährte, lud man dazu auch den Markgrafen und die Markgräfin nach Krakau ein. Zwar war es kein Staatsbesuch, dennoch wurden die Hoheiten offiziell zum Wawelschloß gefahren, in dem man einige Räume für sie hergerichtet hatte. Am nächsten Tag fand in der Kathedrale eine feierliche Messe statt, zu der die Hoheiten als Ehrengäste begrüßt wurden. Es war, als schimmerte neuer Glanz auf einer alten Krone.

Nach dem Zusammenbruch der DDR bemühte sich der Markgraf darum, daß die Familie die enteigneten Besitztümer wieder zurückerhielt, wenigstens Haus Wachwitz, das er 1944 in Begleitung von zwei Gestapo-Männern verlassen mußte. Nach acht Jahren zäher Verhandlungen mit der sächsischen Landesregierung, die sich in diesem Fall sehr zögerlich verhielt, entschloß sich der Markgraf 1997, seinen Neffen, den 44jährigen Prinzen Alexander von Sachsen, zu seinem Nachfolger zu ernennen. Nun soll er um das Erbe der Wettiner kämpfen.

Prinz Alexander, verheiratet mit Prinzessin Gisela von Bayern, ging als junger Mann nach Mexiko und übernahm dort die Import-Export-Firma seines Vaters. Was bewegt diesen erfolgreichen Geschäftsmann dazu, nach zwanzig Jahren wegen einer »Familienangelegenheit« eine inzwischen florierende Firma aufzugeben und sein Leben total umzustellen? In einem Interview, kurz nach seiner Ernennung, antwortete er: »Als wir das erste Mal in Dresden waren und vor dem Zwinger standen, da haben wir gewußt, wir sind Teil dieser Stadt und dieses Landes.« Seine Aufgabe als Chef der Familie sieht er nicht nur darin, mit dem Staat Sachsen über die Rückgabe des Familienbesitzes zu verhandeln. »Darüber hinaus werden wir unsere internationalen Kontakte nutzen, um Firmen dafür zu interessieren, hier in Sachsen zu investieren und Arbeitsplätze zu schaffen.«

Bleibt noch anzufügen, daß seine drei Söhne Georg, Mauricio und Clemens nicht gerade sonderlich begeistert waren, als sie hörten, daß sie schon in kurzer Zeit nach Dresden umziehen werden. Der achtjährige Georg meinte, er wolle lieber in Mexiko bleiben. Andererseits, so kam er mit seinen Brüdern schließlich überein, könne man die Eltern aber auch nicht in Sachsen allein lassen. Deshalb beschlossen die drei, den Umzug mitzumachen.

Mittlerweile fühlen sich Eltern und Kinder in Dresden wie zu Hause.

Die Familie ist zurückgekehrt.

Rechts: Die Krone von August dem Starken. 1697 wurde er König von Polen. – Unten: Der Markgraf von Meißen, Enkel des letzten Königs von Sachsen, mit Markgräfin Anastasia-Louise auf dem Weg zu einem Empfang: »Die Menschen in Sachsen haben uns nicht vergessen.«

Bismarck

Die Bismarcks sind eine alte Patrizierfamilie, die in Stendal bereits 1270 urkundlich erwähnt wird. Sie standen im Dienst des Bischofs von Havelberg und schützten die Grenzen seines Bistums (Biskopesmark). Daher der Name Bismarck. Die Familie, die heute auf Schloß Friedrichsruh bei Hamburg lebt, brachte einen der bedeutendsten Staatsmänner Deutschlands hervor: Fürst Otto von Bismarck.

Dieses Bild des Malers Anton von Werner schenkte Kaiser Wilhelm I. Otto von Bismarck zum 70. Geburtstag. Es zeigt den Kanzler in weißer Uniform bei der Kaiserproklamation am 18. Januar 1871 in Versailles.
Bismarcks Ur-Ur-Enkel, Erbgraf Carl-Eduard, und seine Frau Celia.

Kaiser Wilhelm und Kaiserin Augusta
die Mitglieder der Königlichen Familie
dem
Reichskanzler Fürsten Bismarck
zum 1. April 1885.

Hohe Politik, soziales Engagement und Highlife im Jet Set – die Familie **BISMARCK** *kann auf jedem dieser Gebiete glänzende Erfolge vorweisen.*

Otto von Bismarck als Jurastudent in Göttingen, wo er sich als Zecher und Fechter einen Namen machte. Rechts: Schloß Schönhausen. Hier wurde Bismarck 1815 geboren. Die DDR-Oberen ließen die »Junkerburg« sprengen. Heute steht nur noch ein Seitenflügel.

Auf der kleinen Holperstraße, die nach Friedrichsruh führt, herrscht Hochbetrieb. Direkt an der Bahnlinie Hamburg-Berlin pilgern Bismarck-Anhänger zum Mausoleum des »Eisernen Kanzlers« und stehen ehrfürchtig vor seinem Marmorsarkophag. Im Bismarck-Jahr 1998 kamen noch mehr Menschen als sonst.

Kaiser Wilhelm I. hatte dem Reichsgründer Bismarck 1871 in Anerkennung seiner Verdienste den Titel eines Fürsten verliehen und den Sachsenwald zum Geschenk gemacht. Den Platz, auf dem die Gruftkapelle errichtet wurde, hat Bismarck selbst bestimmt. Er wolle, so sagte er einst, »auch nach dem Tode mit dem Leben verbunden sein«.

Dieser Wunsch ist in mancherlei Beziehung in Erfüllung gegangen. Zu seinem hundertsten Todestag haben ihm Politiker und Historiker ihren Respekt gezollt. Ein Mann wie der ehemalige Außenminister der Vereinigten Staaten, Henry Kissinger, hat ihn sogar als Lehrmeister für ein neues System der kollektiven Sicherheit empfohlen. Doch Friedrichs-

Fürst Otto von Bismarck, Enkel des »Eisernen Kanzlers«, heiratete 1928 die Schwedin Ann-Mari Tengbom. Sie waren das »Traumpaar des Jahres«. Als Hitler 1933 an die Macht kam, machten beide keinen Hehl aus ihrer Abneigung gegen die Nazis.

ruh ist mehr als eine Gedenkstätte: Es ist noch immer Familiensitz der Fürsten von Bismarck.

Der heutige Hausherr von Friedrichsruh, Fürst Ferdinand von Bismarck, bemüht sich, das Andenken seines berühmten Großvaters hochzuhalten. »Er war ein bewundernswerter Mensch, der Großartiges geleistet hat. Sicherlich, er war auch ein Machtmensch. Aber ohne Machtbewußtsein kann man kein Politiker sein. Das gehört einfach dazu.« Daß manche Historiker ihn als Wegbereiter Hitlers sehen, kann Fürst Ferdinand nicht akzeptieren. »Bismarck hat nie von einem ›Volk ohne Raum‹ gesprochen und wollte auch nicht den Osten erobern. Er hatte auch keine rassistischen Vorstellungen, die er in die Welt tragen wollte. Für ihn war Deutschland saturiert, er suchte keine Expansion.« Bismarck hat das moderne Deutschland geschaffen, und es war

Der Chef des Hauses, Fürst Ferdinand, und seine Frau, Fürstin Elisabeth, mit ihren Kindern: Gottfried (neben der Fürstin), Carl-Eduard (stehend, links), Vanessa und Gregor.

In Friedrichsruh lebte und starb der Reichskanzler Otto von Bismarck. Das Schloß wurde im April 1945 irrtümlich bombardiert und nach dem Krieg wieder aufgebaut.

stark genug, um – trotz aller Widrigkeiten – bis zum heutigen Tag fortzubestehen. Darin liegt seine Leistung. Um seine geschichtlichen und politischen Überzeugungen zusammenzufassen, hat Fürst Ferdinand kürzlich ein Buch verfaßt: »Anmerkungen eines Patrioten«.

Fürst Ferdinand ist die Familienähnlichkeit – trotz der zwei Generationen, die zwischen ihm und Fürst Otto liegen – ins Gesicht geschrieben. Doch es sind nicht nur diese äußeren Ähnlichkeiten, auch die Lebensläufe weisen Parallelen auf: Wie der Kanzler studierte Fürst Ferdinand Jura, ging 1961 nach Brüssel und arbeitete im Generalsekretariat der EWG-Kommission. »Aber dann wollte ich doch wieder nach Deutschland zurück«, bekennt der Fürst. »Es ergab sich schließlich die Möglichkeit, mit einer französischen Bank zusammenzuarbeiten, und ich ließ mich hier als Anwalt nieder. So konnte ich mich zugleich um den Besitz kümmern.«

Fürstin Elisabeth von Bismarck in ihrem Schmetterlingshaus, das auch der Öffentlichkeit zugänglich ist. Die Fürstin engagiert sich für die »Deutsche Muskelschwundhilfe e.V.« und schreibt Hörspiele für krebskranke Kinder.

Inzwischen wird er dabei von seinem ältesten Sohn, Erbgraf Carl-Eduard, unterstützt, der von seinen Freunden nur »Calle« genannt wird. Als er im Juni 1997 in Genf der hübschen und zehn Jahre jüngeren Celia Demaurex, Tochter eines Schweizer Bauunternehmers, das Ja-Wort gab, war »tout le monde« dabei. Das Paar hatte sich sieben Jahre zuvor bei einem Autorennen in Monte Carlo kennengelernt. Da Celia damals noch zur Schule ging, ließen sich beide mit dem Heiraten noch etwas Zeit. Celia besuchte nach der Schule die USA und die Universität in Paris und sammelte erste Berufserfahrungen beim Fernsehen in Hamburg. Inzwischen leben Graf Carl-Eduard und Gräfin Celia nur wenige Minuten vom Altersruhesitz des Reichskanzlers entfernt. Der Name Bismarck hat es »Calle« allerdings nicht immer leichtgemacht. Ob im Internat in England oder in Salem am Bodensee: Immer wieder fühlte er sich herausge-

fordert, das Bild seines berühmten Vorfahren »zurechtzurücken«. Doch schon als Schüler wußte sich Carl-Eduard gegen Bismarck-Kritiker zu helfen: Wegen der »linken« Thesen seines Geschichtslehrers organisierte er mit Freunden einen viertägigen Streik. »Dann wurde dieser Herr entfernt. Wir vier allerdings auch.«

Nach der Schule machte er seinen Wehrdienst, wurde Leutnant bei den Panzergrenadieren. »Das ist so ziemlich das schlimmste Rollenfach in der Bundeswehr.« Aber es hat auch sein Gutes. »Da buddelt man sich ein und hockt zusammen mit den unterschiedlichsten Leuten aus allen möglichen Berufen und sozialen Schichten – ob nun Bäckergeselle, Student oder Kfz-Mechaniker, mit allen mußte man sich auseinandersetzen, und dabei sind auch Freundschaften gewachsen.« Carl-Eduard, der künftige Chef des Hauses, studierte in Los Angeles International Business. In dieser Zeit lernte er die Miss USA (1985), Laura Martínez-Herring, kennen und heiratete sie 1987 in Mexiko. Eine Ehe, die jedoch nicht lange halten sollte und bald wieder geschieden wurde. Nach dem Studium und dem privaten Intermezzo übernahm Carl-Eduard erste Aufgaben in der Leitung des Bismarckschen Familienbetriebs. Insbesondere die Forstwirtschaft hat es ihm angetan: Er beteiligte sich an einem Betrieb, nicht weit von Schloß Friedrichsruh. Im Augenblick verhandelt er darüber, den Namen Bismarck für weitere Produkte zu vermarkten, zum Beispiel im Bereich des Porzellans. Carl-Eduards zweites Engagement gilt der Politik. Er ist Fraktionsvorsitzender der CDU in

Ein Wohnzimmer in Friedrichsruh. – Fürst Ferdinand von Bismarck.

Fürsten von Bismarck

1815 – 1898
Otto von Bismarck
1871 von
Kaiser Wilhelm I.
in den
Fürstenstand
erhoben

1898 – 1904
Herbert
von Bismarck

1904 – 1975
Otto von Bismarck

seit 1975
Ferdinand
von Bismarck

Aumühle; sein Wahlergebnis kann sich sehen lassen: Es ist das beste, das seit dem Zweiten Weltkrieg in Aumühle erzielt wurde.

Politik und Diplomatie gehören zur Tradition des Hauses, seit Otto Fürst von Bismarck erst Landtagsabgeordneter, später preußischer Ministerpräsident und schließlich Reichskanzler wurde. Seinen Sohn Herbert schickte der »Eiserne Kanzler« als Diplomaten nach Wien, London und Petersburg. Als Herbert 1886 Staatssekretär des Auswärtigen Amtes wurde, spielten sich Vater und Sohn gegenseitig die Bälle zu und bestimmten in den folgenden Jahren die Geschicke Deutschlands. Bis Kaiser Wilhelm II. 1890 den Reichskanzler aus seinen Diensten entließ – da endete auch Herberts Karriere. Bismarck war tief verletzt, blieb aber ein loyaler Untertan Seiner Majestät des Kaisers und Königs.

Herbert heiratete mit 43 Jahren die 21jährige Marguerite Hoyos, Tochter des österreichischen Grafen Georg Hoyos. Im Jahr 1904, mit nur 55 Jahren, starb Fürst Herbert.

Sein ältester Sohn, Fürst Otto, begann schon 18jährig seine Diplomatenlaufbahn im Auswärtigen Amt. 1927 wurde er Gesandtschaftsrat in Stockholm und lernte dort Ann-Mari Tengbom, Tochter des Hofarchitekten Ivar J. Tengbom, kennen. Die Hochzeit fand im April 1928 im Berliner Dom statt. Auch Reichspräsident Paul von Hindenburg ließ es sich nicht nehmen, dem Traumpaar des Jahres persönlich zu gratulieren. Dann kam Hitler. »Ein gewöhnlicher und ziem-

Rechts: Der zentrale Wohnraum in Schloß Friedrichsruh, das nach dem Krieg von Fürstin Ann-Mari liebevoll restauriert und eingerichtet wurde. Unten: Fürst Ferdinand und Fürstin Elisabeth heirateten 1960 in den Niederlanden. Fürstin Elisabeth stammt aus Belgien und ist Enkelin von Graf Lippens, des ehemaligen Gouverneurs im Kongo.

Reichskanzler Otto von Bismarck

»Ich werde entweder der größte Lump oder der größte Mann Preußens.«

1

4

Otto Eduard Leopold von Bismarck wird am 1. April 1815 auf Schloß Schönhausen an der Elbe geboren. Hier ist seit 1562 der Stammsitz der Familie. Ottos Vater, Ferdinand von Bismarck, ist ein bodenständiger Gutsherr; die Mutter Wilhelmine kommt aus einer bürgerlichen Familie und hat viel vor mit ihren beiden Söhnen Otto und Bernhard. »Sie wollte, daß ich viel lernen sollte«, schreibt Bismarck später, »und es schien mir oft, daß sie hart und kalt gegen mich sei.« Mit 17 geht er nach Göttingen und studiert Jura. Bereits zu dieser Zeit ist sein größter Wunsch, eines Tages Politik zu machen. »Ich werde entweder der größte Lump«, schreibt er einem Freund, »oder der größte Mann Preußens.« Aber seine hochfliegenden Pläne versinken nach dem Studium zunächst im Aktenstaub des Berliner Stadtgerichts; er haßt die Arbeit dort, flieht zurück aufs Land und übernimmt die Verwaltung der väterlichen Güter. 1847 heiratet er Johanna von Puttkammer, die seine große Liebe wird und mit der er drei Kinder hat: Marie, Herbert und Wilhelm. »Du bist mein Anker an der guten Seite des Ufers. Reißt er, so sei Gott meiner Seele gnädig«, schreibt er

2

3

in einem seiner vielen zärtlichen Briefe an Johanna. Und Johanna steht fest zu ihm: »Wenn Dich die schändlichen, ekligen Menschen schlecht behandeln, will ich Dich streicheln und Dir liebevoll ins Auge sehen, bis Du alles vergessen hast.« – Die ersehnte politische Karriere beginnt mit der Revolution im März 1848. Das Volk geht auf die Barrikaden und kämpft für mehr Demokratie. König Friedrich Wilhelm IV. läßt seine Truppen aufmarschieren, es gibt 254 Tote. Bismarck ist Landtagsabgeordneter und stellt sich auf die Seite des Königs. Als der Sturm sich legt und der König wieder fest im Sattel sitzt, hat Bismarck einen guten Namen bei Hofe. Er wird Gesandter in Petersburg und Paris. Seine große Stunde schlägt, als der neue König, Wilhelm I., ihn im September 1862 zum Ministerpräsidenten ernennt. Er schwört, die Macht des Königs zu stärken und hält Wort. In drei Kriegen, gegen Dänemark, Österreich und Frankreich, schmiedet er aus Preußen eine Großmacht und vereinigt die deutschen Kleinstaaten unter der preußischen Krone. Der Tag seines Triumphs ist der 18. Januar 1871, an dem er seinen König, Wilhelm I., in Versailles zum Deutschen Kaiser ausrufen läßt. Der Kaiser dankt es Bismarck, erhebt ihn in den Fürstenstand und schenkt ihm den Sachsenwald. Als Reichskanzler bestimmt er nun die Politik im Deutschen Reich. Nach 1871 beginnt die Zeit Bismarckscher Friedenspolitik. Mit Hilfe eines Bündnissystems entwickelt er eine neue »balance of power«, die den Krieg zwischen den Großmächten verhindern soll. Als Wilhelm II. ihn 1890 entläßt, zieht er sich nach Friedrichsruh zurück. Dort stirbt er, vier Jahre nach seiner Frau, am 30. Juli 1898. Seine letzten Worte sind: »Gib, daß ich meine Johanna wiedersehe!«

1. Nach der Schlacht von Sedan am 1. September 1870 begegnete Bismarck dem geschlagenen französischen Kaiser Napoleon III.
2. Bismarcks Frau Johanna, die er über alles liebte.
3. Der »Alte vom Sachsenwald« auf Schloß Friedrichsruh.
4. Bismarck und sein Sohn Herbert, der seine rechte Hand wurde.
5. »Der Lotse geht von Bord«: So sah ein englischer Karikaturist Bismarcks Entlassung 1890 durch Kaiser Wilhelm II.
6. Bismarcks Arbeitszimmer in Schloß Schönhausen.

5

6

1

2

3

4

5

lich lächerlicher Mann«, fand Fürst Otto. Er glaubte nicht, daß sich »der Führer lange halten wird«. Als die Nazis, die sich mit dem Namen Bismarck schmücken wollten, Otto aufforderten, in die NSDAP einzutreten, hielt er sich bedeckt. Doch konnte er seinen jüngeren Bruder Gottfried nicht davon abhalten, in die Partei einzutreten. Der nämlich glaubte, es sollten möglichst viele anständige Leute in diese Partei eintreten, damit sie die Zügel in die Hand nehmen könnten, sobald Hitler aus dem Sattel gehoben werden konnte – eine fatale Fehleinschätzung der politischen Situation, die zu dieser Zeit jedoch weit verbreitet war.

Von 1940 bis 1943 war Fürst Otto Geschäftsträger der Deutschen Botschaft in Rom. Er machte nie einen Hehl aus seiner Abneigung gegen Hitler, ebenso seine Frau Ann-Mari: »Ich bin für die Deutschen, weil ich Otto geheiratet habe, aber ich bin Anti-Nazi.« Beide versuchten vergebens, Italien aus dem Krieg herauszuhalten. Noch schützte sie der Name, aber dann platzte die Bombe: Das Attentat auf Hitler am 20.Juli 1944 hatte auch Folgen für die Bismarcks. Ottos Bruder Gottfried hatte sich der Widerstandsgruppe um Graf Stauffenberg angeschlossen und stand nun, des Hochverrats angeklagt, vor dem Volksgerichtshof. Er wurde zwar nicht – wie die anderen – zum Tode verurteilt, kam aber in das Konzentrationslager Sachsenhausen. Fürst Otto, für die Nazis ohnehin ein unsicherer Kandidat, wurde zwei Jahre vor Kriegsende in den Wartestand versetzt. Er zog sich nach Schloß Friedrichsruh zurück, wo er und seine Familie zunächst unbehelligt leben konnten. Bis zu jenem verhängnisvollen Tag, an dem die Briten einen Funkspruch erhielten, in dem irrtümlich behauptet wurde, Heinrich Himmler und andere hohe SS-Offiziere befänden sich in Friedrichsruh; dort würden sie mit dem Schweden Graf Folke Bernadotte verhandeln, um ihre Haut zu retten. Die Briten glaubten es, und am 29. April, wenige Tage vor Kriegsende, bombardierte eine Staffel der Royal Air Force das Schloß. Fünf Menschen, darunter der Schweizer Konsul, kamen dabei ums Leben, die Bismarcks konnten sich jedoch retten.

Ein tragischer Irrtum, denn Himmler war nie in Friedrichsruh gewesen. Einige Jahre später

1. Im Juni 1997 heirateten in Genf Erbgraf Carl-Eduard und Celia Demaurex, ein großer Tag für die Bismarcks. – 2. Vanessa (li.), Ferdinand, Elisabeth, Gottfried. 3. Maximilian und Vanessa. – 4. Ferdinand und Ann-Mari. 5. Elisabeth und Vanessa. Linke Seite: Eine Postkarte zu Ehren des Reichskanzlers.

Unten: Fürst Otto auf dem Weg zu einer Jagdgesellschaft.

Gräfin Gunilla von Bismarck, hier mit ihrem Ex-Mann Luis Ortíz, lebt in Marbella und ist leidenschaftliche Jet-Setterin.

Rechts: Maximilian von Bismarck mit seiner Frau Barbara (li.) und seiner Mutter Ann-Mari.

kam der britische Staffelkapitän in das ausgebombte Schloß, um sich beim Fürstenpaar zu entschuldigen.

Nach dem Krieg zeigte sich Fürstin Ann-Mari von einer völlig neuen Seite: Als begnadete Bittstellerin mobilisierte sie ihre schwedische Verwandtschaft und bat sie zu spenden – um das Elend der Flüchtlinge in Schleswig-Holstein zu lindern.

Bald »bettelte« die Fürstin auch international so erfolgreich, daß sie die größte private Hilfsorganisation in Deutschland aufbauen konnte. Fast 200 000 Menschen verdankten ihr Hilfe in größter Not. Anfang der fünfziger Jahre initiierte die Fürstin ein Wohnungsbauprogramm für Flüchtlinge und schaffte es, Geld für 179 Siedlungshäuser aufzutreiben; rund tausend Menschen, die alles verloren hatten, bekamen so ein neues Heim.

Fürst Ferdinand bei einer Ausstellung von Solar-Mobilen.

Die meisten Bismarcks waren nach dem Krieg selbst Flüchtlinge. Denn ihre Güter lagen in der Altmark und in Pommern. Nur der gefürstete Zweig der Familie hatte das Glück, dank des Sachsenwalds auch über Grundbesitz im Westen zu verfügen. Regelmäßig treffen sich die Bismarcks – ob Fürst, Graf oder einfach »von« – zu Familientagen. In der Zwischenzeit informiert der sogenannte »Familienbrief« über Geburten, Eheschließungen und Sterbefälle, wobei jeder Name mit einer Nummer versehen wird. Der Reichskanzler war die Nummer 309, der heutige Schloßherr auf Friedrichsruh, Fürst Ferdinand, ist die Nummer 555, Ehefrau Elisabeth 555 a.

Fürstin Elisabeth, eine geborene belgische Gräfin Lippens, ist seit 1960 mit dem Chef des Hauses Bismarck verheiratet. Vor mehr als zehn Jahren baute sie den »Garten der Schmetterlinge« auf, der sich zu einer großen Besucherattraktion entwickelt hat. »Ich glaube, es war am dritten Tag, nachdem wir das Schmetterlingshaus eröffnet hatten. Da sah ich einen Rollstuhlfahrer, der in das Haus wollte. Ich raste hinter ihm

Fürst Ferdinand mit Fürstin Elisabeth und seiner Schwester Gunilla von Bismarck (re.) in Marbella. Hier bauten die Bismarcks den exklusiven »Marbella Hill Club«. Seitdem ist das spanische Urlaubsparadies zweiter Wohnsitz der Familie.

Gräfin Gunilla von Bismarck hilft bei der Organisation der Wohltätigkeitsfeste zugunsten der »Krebsgesellschaft« in Spanien. Wenn sie ruft, kommt die Prominenz – und zahlt. Amüsier dich und tue Gutes, diese Devise ist genau nach ihrem Geschmack.

her, dachte, vielleicht ist die Tür zu schmal oder der Weg zu eng. Aber es ging alles sehr gut. Als der Mann wieder herauskam, ein sehr gut aussehender Mann übrigens, fragte ich ihn, ob er einen Autounfall gehabt habe. Und er sagte, nein, ich bin krank. Dann zog er aus seiner Tasche eine Karte: ›Deutsche Muskelschwundhilfe e.V.‹ – und das Logo war ein Schmetterling. Ich fragte, warum ein Schmetterling? Und er sagte, weil er die Freiheit symbolisiert, die wir nicht haben ... Ich glaube, das war sicherlich kein Zufall.«

Fürstin Elisabeth wurde Schirmherrin der »Deutschen Muskelschwundhilfe« – zum großen Wohl des Vereins. Denn wann immer sich die Bürokratie taub stellt gegenüber den Wünschen der Muskelschwundpatienten, wenn Politiker nur große Worte machen, denen keine Taten folgen, dann kann Fürstin Elisabeth sehr deutlich werden. Und wenn sie von dem schweren Schicksal derjenigen berichtet, die den sicheren Tod vor Augen haben, weil in ihrem Fall die Krankheit unaufhaltsam fortschreitet und keine Hoffnung auf Heilung besteht, dann schafft sie es, mit ihren Worten die Menschen zu Tränen zu rühren.

Durch eine Wohltätigkeitsveranstaltung wurde sie auch auf das Schicksal krebskranker Kinder aufmerksam, die Wochen und sogar Monate in Krankenhäusern zubringen müssen. »Ich besuchte in der Düsseldorfer Universitätsklinik die Station für krebskranke Kinder. Es hat mich sehr getroffen – das Leiden der Kinder, aber auch ihre Langeweile. Da habe ich überlegt, was kann ich für diese Kinder tun? Und so bin ich auf die Idee gekommen, für sie ein Hörspiel zu schreiben.« Inzwischen ist eine ganze Serie entstanden, und nicht nur die Kinder in der Düsseldorfer Klinik hören begeistert zu, in ganz Deutschland wollen die Kinder in den Krankenhäusern wissen, wie es weitergeht. »Es ist eine Art Fortsetzungsroman«, erzählt die Fürstin. »Hauptperson ist ein kleiner Junge. Er glaubt, er sei ein Findelkind, und eines Tages macht er sich auf die Suche nach seinen Eltern. Er reist durch die ganze Welt und gerät dabei immer wieder in große Schwierigkeiten. Aber er meistert die Pro-

bleme. Was ich den krebskranken Kindern übermitteln will, ist: Wenn ihr euch sagt, ich kann, ich schaffe es – dann werdet ihr es auch schaffen!«

Während Fürstin Elisabeth Hörspiele schreibt, eigene Bilder malt und sich beinahe täglich um den Schmetterlingsgarten kümmert, verwaltet ihr Mann das Familienunternehmen. Kernstück des Besitzes ist der 60 Quadratkilometer große Sachsenwald, ein hervorragendes Jagdgebiet. Die jährlichen Jagdeinladungen der Familie sind bei den Mitgliedern des deutschen Hochadels wie auch der europäischen Königshäuser gleichermaßen beliebt. Gute Einnahmen erzielt die Familie mit der »Fürst Bismarck Quelle«, die aus 157 Meter Tiefe sprudelt. In vier hochmodernen Anlagen werden stündlich bis zu 50 000 Flaschen des gleichnamigen Mineralwassers abgefüllt. Das Unternehmen gehört zwar inzwischen dem Nestlé-Konzern, aber die Familie verdient an jeder Flasche mit. Untätigkeit liegt dem Fürsten fern: Am Seddiner See bei Potsdam initiierte er kürzlich ein großes Bauprojekt. Außerdem gibt es Beteiligungen in den Vereinigten Staaten und in Spanien – und einen Wald in Paraguay, auf den der Fürst besonders stolz ist. »Wir haben dort ein Aufforstungsprogramm gemacht und wieder einen richtigen Wald kreiert, einen mehr als 2000 Hektar großen Plantagenwald, mit einer Zedern-Art, die schnell wächst und gutes Bauholz abgibt. Das war richtige Pionier-arbeit, und so etwas ist immer ganz besonders spannend.« Inzwischen wird das Holz schon nach Deutschland exportiert.

Carl-Eduard von Bismarck und seine Frau Celia.

Rechts: Fürst Otto von Bismarck und seine Frau Ann-Mari mit Kindern, im Jahr 1952.

Neben dem wieder aufgebauten Schloß Friedrichsruh ist Marbella so etwas wie ein zweiter Wohnsitz für die Familie geworden. Als die Preise noch verhältnismäßig niedrig waren, haben die Bismarcks an der spanischen Südküste Grund und Boden gekauft und den »Marbella Hill Club« gebaut, eine exklusive Villenanlage oberhalb des Ortes. Wer hier wohnt, hat einen traumhaften Blick über das Meer, ist von üppiger Blu-

Gunilla von Bismarck, die »Göttin der Nacht« von Marbella, schwebt von einer Party zur anderen. »Da lernt man mehr interessante Leute kennen als im Bett oder zu Hause.«

menpracht umgeben und muß auf nichts verzichten, was ein exzellenter Service zu bieten hat. Das sprach sich schnell herum, und die ersten prominenten Villenbewohner zogen weitere nach.

Heute ist Marbella ein Treffpunkt der Reichen und Schönen dieser Welt. Gemanagt wird der »Marbella Hill Club« von Gräfin Alexandra von Bismarck, Frau des verstorbenen Bruders des Fürsten. Sie kümmert sich um die Verwaltung und den Ausbau des Clubs. Außerdem organisiert sie die Galaveranstaltungen zugunsten der »Spanischen Krebsgesellschaft«. Dabei ist Gräfin Gunilla von Bismarck, Schwester des Fürsten, eine unschätzbare Hilfe. Sie zieht zahlungskräftige Prominente auf die Galas und animiert sie mit Charme, für die »Krebsgesellschaft« zu spenden.

Auch die jüngere Generation findet sich ab und zu in Marbella ein. Doch wenn insbesondere »Calle« Urlaub macht, dann lockt vor allem der Nervenkitzel: Dann zieht es ihn und Gräfin Celia zum gefährlichen Cresta-Run nach St. Moritz oder zum Oldtimer-Rennen auf den Nürburgring. Des Erbgrafs Leidenschaft sind schnelle Autos – und Autorennen, wobei er sich selber ins Cockpit zwängt. »Aber nur bis Formel 3«, sagt der Graf bescheiden. »Darüber hinaus wird es verrückt, da muß man wirklich absolut Top sein, und das traue ich mir nicht zu.« Celia begleitet ihn zu seinen Rennen und fotografiert. Sonderlich begeistert ist sie nicht: »Ich habe immer Angst, daß etwas passiert.«

Doch wenn es um Politik geht, haben beide die gleichen Interessen. Manchmal ziehen sie an ihrem Wohnort, in Aumühle, von Haustür zu Haustür, um für ihre politischen Ideen zu werben: etwa für besseren Umweltschutz und gegen Drogen.

Geschieht das, weil Adel verpflichtet? Graf Carl-Eduard von Bismarck antwortet, ohne zu zögern: »Auch wenn ich kein Adliger wäre, würde ich mich verpflichtet fühlen, für Deutschland etwas zu tun.«

Die Bismarck-Geschwister Carl-Eduard (li.), Vanessa und Gottfried in Marbella.

Links: Carl-Eduard (re.) mit Celia und Prinz Albrecht von Hohenzollern beim Helikopter-Skiing in St. Moritz.

Unten: Fürst Ferdinand (2. v. li.) mit seinen Brüdern Leopold (li.) Maximilian und Alexander.

Die Deutschen Fürstenhäuser

Verliebt, verlobt, verheiratet – das gilt auch in den Adelshäusern, auch wenn auf Grund der eigenen »Hausgesetze« in vielen Familien die strengen Regeln der Ebenbürtigkeit eingehalten werden müssen. Im Bild das glückliche Brautpaar, Erbprinz Alexander und Erbprinzessin Marie-Louise zu Schaumburg-Lippe, an ihrem Hochzeitstag, dem 29. August 1993, vor ihrem Schloß in Bückeburg. Sie werden die jahrhundertealte Geschichte ihrer Familie weiterschreiben.

Neuer Glanz auf alten Kronen

Kursive Seitenzahlen verweisen auf Abbildungen.

Personen

Adolf, Fürst zu Schaumburg-Lippe 28, 29
Albert, Fürst von Thurn und Taxis 63
Albert, Prinz von Sachsen-Coburg und Gotha *83,* 86, 88
Albert, Prinz von Thurn und Taxis *54/55, 57,* 62, *62*
Albrecht der Beherzte, Herzog 111, 114
Albrecht, Prinz von Hohenzollern *137*
Alexander, Prinz von Sachsen *108, 117,* 120, 121
Alexander, Prinz von Sachsen-Coburg und Gotha 82, *87, 90*
Alexander, Erbprinz zu Schaumburg-Lippe *12, 14, 16, 17,* 18 ff., *18, 19, 21, 22,* 23, *23,* 25, *25, 28, 29*
Alexander II., russischer Zar 89
Alexander Ferdinand, Fürst von Thurn und Taxis 63
Alexandra, Gräfin Schenck von Stauffenberg 69, *71*
Alexandrine, Gräfin von Thurn und Taxis 59, 61
Alfred, Herzog von Sachsen-Coburg und Gotha 87, 89
Amalie, Fürstin zu Fürstenberg *95*
Ana, Königin von Rumänien *77*
Andreas, Prinz von Sachsen-Coburg und Gotha *78,* 80, *80,* 82 f., *82, 83, 84/85, 87,* 89 f., *89, 90, 90/91, 91*
Angela, Prinzessin von Hohenzollern *77*
Anna Konstanze, Gräfin von Cosel 118, 119
Annette, Prinzessin zu Sayn-Wittgenstein-Berleburg *12*
Anselm Franz, Fürst von Thurn und Taxis *51,* 63
Anton IV., Graf zu Schaumburg-Lippe 28
Anton Alois, Fürst von Hohenzollern 71
Antonius, Prinz zu Fürstenberg *92/93,* 96, 105
August III., König von Sachsen 113
Auguste, Herzogin von Sachsen-Coburg-Saalfeld 78, 86, 88
Auguste Viktoria, Kaiserin *40,* 88
Aureng-Zeb, Großmogul 113, *114*

Bähr, George 112
Bagusat, Thomas 102
Bartók, Béla 97
Beatrix, Königin der Niederlande 9
Benedikte, Prinzessin zu Sayn-Wittgenstein-Berleburg 9
Benita, Fürstin zu Schaumburg-Lippe 11 f., *17, 18, 23,* 28 f.
Biedenkopf, Kurt *115*
Birgitta, Prinzessin von Hohenzollern 9, *74,* 75
Bismarck, Gräfin Alexandra von 137
Bismarck, Erbgraf Carl-Eduard von *122, 125,* 126 ff., *132, 136,* 137, *137*
Bismarck, Gräfin Celia von *122,* 126, *132, 136,* 137, *137*
Bismarck, Fürstin Elisabeth von *125, 126, 128, 133,* 134 ff., *135*
Bismarck, Fürst Ferdinand von 125 f., *125, 127,* 128, *128, 133,* 134, *134, 135, 137*
Bismarck, Graf Gottfried von *125,* 133, *133, 137*
Bismarck, Graf Gregor von *125*
Bismarck, Gräfin Gunilla von *134, 135, 136,* 137
Bismarck, Fürst Herbert von 128, *130*
Bismarck, Graf Maximilian von *133, 134, 137*
Bismarck, Fürst Otto von 10, 122, *124,* 128, 133, *133, 136*
Bismarck, Otto von (Reichskanzler; seit 1871 Fürst) *39,* 42, 88, 122, *122/123,* 124 ff., *124,* 130 f., *130, 130/131, 131, 132,* 134
Bismarck, Gräfin Vanessa von *125, 133, 137*
Böttger, Johann Friedrich 116, 117

Carin, Prinzessin von Sachsen-Coburg und Gotha 82, *84/85, 87, 90/91*
Carl Anselm, Fürst von Thurn und Taxis *50,* 63
Carl Eduard, Herzog von Sachsen-Coburg und Gotha 88, 89
Carl Gustav, König von Schweden 9, *82*
Carol I., König von Rumänien, geb. Prinz Karl von Hohenzollern-Sigmaringen *66*
Christian, Prinz zu Fürstenberg *92/93,* 96, *105*
Christiane Eberhardine, Prinzessin von Brandenburg-Bayreuth 117 f.
Claus, Prinz der Niederlande 28

Dedo, Prinz von Sachsen 113, *113*

Egino, Graf zu Fürstenberg 92, 96
Elisabeth, Fürstin zu Fürstenberg 103 f.
Elisabeth, Prinzessin von Thurn und Taxis *54/55, 58, 59,* 62
Elisabeth Christine, Prinzessin von Braunschweig 42
Elisabeth Helene, Markgräfin von Meißen, geb. Prinzessin von Thurn und Taxis 119, *120*
Ernst, Graf zu Schaumburg-Lippe 28, 29
Ernst I., Herzog von Sachsen-Coburg 86 f., 89
Ernst II., Herzog von Sachsen-Coburg und Gotha 87, 89
Ernst-Heinrich, Prinz von Sachsen 113
Eugen Alexander, Fürst von Thurn und Taxis 61, 63
Everding, August *60/61*

Ferfried, Prinz von Hohenzollern *69*
Franz I. von Thurn und Taxis *50,* 58 f., 63
Franz Friedrich Anton, Herzog von Sachsen-Coburg-Saalfeld 86, 89
Franz Joseph, Fürst von Thurn und Taxis 63
Franz Joseph, Prinz von Hohenzollern *76*
Freisler, Roland 111, 119
Friedrich I., König in Preußen 35, 39
Friedrich I., Kurfürst von Brandenburg 35
Friedrich I., Kurfürst von Sachsen 111, 114
Friedrich II., der Große 14, 30, *32, 33, 34, 35, 37,* 39, 41 f., 46, 61
Friedrich II., Graf zu Fürstenberg 95
Friedrich III., der Weise, Kurfürst 115
Friedrich III., Graf von Hohenzollern und Burggraf von Nürnberg 71
Friedrich III., Kaiser 39, 44, 57
Friedrich August I., Kurfürst von Sachsen (August der Starke) 108, 112 f., *112,* 115, 116, 117, 118, 119, 120, *121*
Friedrich August III., König von Sachsen 113, 118 f., *119*
Friedrich Christian, Markgraf von Meißen 119, *120*
Friedrich Josias, Herzog von Sachsen-Coburg und Gotha 80, 82, *84/85,* 89
Friedrich Wilhelm, der »Große Kurfürst« 35, 39
Friedrich Wilhelm, Fürst von Hohenzollern *66, 68,* 69, *69, 71,* 73, 74, 76 f., 110
Friedrich Wilhelm, Kronprinz von Preußen *30,* 34, *43,* 44
Friedrich Wilhelm I., König von Preußen *32,* 39, 41, 46
Friedrich Wilhelm II., König von Preußen 38, 39, *108/109*
Friedrich Wilhelm III., König von Preußen 38, *38,* 39, 42
Friedrich Wilhelm IV., König von Preußen *2/3, 9,* 38, 39, 73, 74, 131

Georg Friedrich Ferdinand, Prinz von Preußen *30/31,* 32, 34 f., *34, 35, 45,* 46 f., *46*
Gisela, Prinzessin von Sachsen *108, 117,* 121
Georg, Fürst zu Schaumburg-Lippe 28, 29
Georg Wilhelm, ältester Sohn (verstorben) des Fürsten Philipp-Ernst zu Schaumburg-Lippe 19
Georg Wilhelm, Fürst zu Schaumburg-Lippe 28, 29
Georg Wilhelm, Prinz von Hannover 9
Gloria, Fürstin von Thurn und Taxis 23, *48,* 50, *50,* 52 f., *52, 53, 54/55,* 56, 57, *57, 60,* 61 f., *61, 62,* 63, *63, 103*

Goethe, Johann Wolfgang von 56
Gorbatschow, Michail *21*
Grünewald, Mathias 100
Gutenberg, Johannes 58

Haya, Prinzessin von Jordanien 58
Heinrich, Erbprinz zu Fürstenberg *92/93,* 94, 96, 100, *102, 103,* 104 f., *105, 106*
Heinrich, Graf zu Fürstenberg 106
Heinrich Donatus, Prinz zu Schaumburg-Lippe *12, 19,* 24, *25, 138/139*
Herder, Johann Gottfried 22
Himmler, Heinrich 133
Hindemith, Paul 97
Hindenburg, Paul von 128
Hitler, Adolf 76, 125, 133
Höroldt, Johann Gregorius 116
Holbein d. Ä., Hans 100
Hubertus, Prinz von Sachsen-Coburg und Gotha 82, 87, *89, 90, 90/91*

Ira, Prinzessin zu Fürstenberg *103*

Joachim, Graf von Schönburg-Glauchau 50
Joachim Egon, Fürst zu Fürstenberg *92/93, 94, 96, 99, 102, 103,* 104, 106, *106*
Johann, Fürst von Hohenzollern 71
Johann Casimir, Herzog von Sachsen-Coburg 83, 86, 89
Johann Friedrich, Kurfürst von Sachsen 115
Johann Georg, Prinz von Hohenzollern 9, *74, 75*
Johann Leopold, Prinz von Sachsen-Coburg und Gotha *88*
Johannes, Fürst von Thurn und Taxis *48,* 57, *57,* 61 f., 63
Johannes Paul II., Papst *61*
Josef, Fürst von Hohenzollern 71
Josephine, Prinzessin von Hohenzollern *68*
Joseph Maria Benedikt, Fürst zu Fürstenberg 100
Joseph Wenzel, Fürst zu Fürstenberg 96, 100
Joseph Wilhelm Ernst, Fürst zu Fürstenberg 97, 100
Jos Niklas I. 71, 73
Juan Carlos, König von Spanien 9
Juliane, Fürstin zu Schaumburg-Lippe 22, *22*

Kändler, Johann Joachim 116
Karl, Prinz zu Leiningen *68*
Karl I., Graf von Hohenzollern 71, 74
Karl I., Herzog von Mecklenburg-Strelitz 38
Karl V., Kaiser 115
Karl Alexander, Fürst von Thurn und Taxis 63
Karl Anton, Fürst von Hohenzollern 71, 74
Karl August, Fürst von Thurn und Taxis 62, 63
Karl Egon II., Fürst zu Fürstenberg *95,* 100, 104
Karl Egon V., Fürst zu Fürstenberg 104, *106*
Karl Friedrich, Erbprinz von Hohenzollern *64,* 66, *66, 67,* 68 f., 71, *71, 73,* 77
Karl Joachim, Fürst zu Fürstenberg 100, 103
Karoline, Fürstin zu Fürstenberg 103
Kastner, Norbert *82*
Katte, Hans Hermann von 41
Kirillowna, Kira, russische Großfürstin *41, 42,* 46
Kissinger, Henry 124
Kostolany, André 61
Krüger, Franz *2/3*
Kyra, Prinzessin zu Leiningen 68

Leopold, Fürst von Hohenzollern-Sigmaringen 66
Leopold I., König von Belgien 80, 88
Leopold II., Kaiser von Österreich *108/109*
Löns, Hermann 16
Louis Ferdinand, Prinz von Preußen *30,* 34 f., *34, 39, 40, 41, 42,* 44, 45 f.
Louis Ferdinand jr., Prinz von Preußen 34, *42,* 46 f., *46*
Luise, Königin von Preußen 38, *38,* 42
Luther, Martin 58 f., 115

Marfalda, Landgräfin von Hessen 76
Margarete, Fürstin von Thurn und Taxis 58
Margarete, Königin von Dänemark 9
Margarita, Fürstin von Hohenzollern *68, 69, 71,* 77
Maria Emanuel, Markgraf von Meißen 76 f., 110 f., *111, 113,* 114, *115, 118,* 119 f., *119, 120, 121*
Maria-Margarete, Prinzessin von Hohenzollern *68*
Maria Theresia, Prinzessin von Thurn und Taxis *54/55, 59,* 62
Mariae Gloria, Fürstin von Thurn und Taxis siehe Gloria, Fürstin von Thurn und Taxis
Marie, Herzogin von Albany *88*
Marie-Antoinette, Prinzessin zu Fürstenberg 102
Marie-Louise (»Lilly«), Prinzessin zu Schaumburg-Lippe 11, *12, 14/15 ff.,* 16, 18 ff., 23 ff., *23, 24, 25,* 28 f., *28, 29, 138/139*
Marquard, Graf zu Solm *68*
Martin, Steve *53*
Max, Prinz von Baden (Reichskanzler) 9
Max Egon II., Fürst zu Fürstenberg 97
Maximilian, Kaiser 58
Maximilian I., Fürst von Hohenzollern 71
Maximilian Egon, Prinz zu Fürstenberg *97*
Maximilian Karl, Fürst von Thurn und Taxis 61, 63
Maximilian Maria, Fürst von Thurn und Taxis 63
Maximiliane, Erbprinzessin zu Fürstenberg *92, 92/93,* 94, 96, *102, 103,* 105, 106
Mecki, Prinzessin zu Leiningen *68*
Meinrad I., Fürst von Hohenzollern 71
Meinrad II., Fürst von Hohenzollern 71
Michael, König von Rumänien 76, *77,* 110
Mira, Brigitte *20*
Moritz, Kurfürst von Sachsen *110,* 111, 112, 115
Moshammer, Rudolph *21*
Mozart, Wolfgang Amadeus 97
Munz, Josef 106

Napoleon I. 29, 38, 42, 56, 74, 94, 100, 103, 118

Otto, Markgraf von Meißen 114
Otto I., Graf zu Schaumburg-Lippe 28
Otto IV., Graf zu Schaumburg-Lippe 28, 29
Otto Ludwig, Prinz zu Sayn-Wittgenstein-Berleburg 16

Paola, Königin von Belgien *83*
Paula, Fürstin zu Fürstenberg *103,* 104, *106*
Philipp, Graf zur Lippe 28, 29
Philipp I., König von Spanien 58
Philipp-Ernst, Fürst zu Schaumburg-Lippe 11, *17, 18, 21,* 22, 25, 28 f.
Philipp-Ernst, Graf zu Schaumburg-Lippe 28
Puttkammer, Johanna von 130 f., *130*

Ribbentrop, Joachim von 74, 76
Richard, Prinz zu Sayn-Wittgenstein-Berleburg 9

Scharnhorst, Gerhard Johann David von 22
Scheidemann, Philipp *9,* 10
Schiffer, Claudia *24*
Semper, Gottfried 112
Sigismund, Kaiser 35, 72
Silvia, Königin von Schweden 9, *42*
Sofia, Königin von Spanien 9
Stephanie, Prinzessin von Sachsen-Coburg und Gotha 82, *87, 90*
Strauss, Richard 97
Strauß, Franz Josef *60*
Stiler, August 73
Széchenyi, Gräfin von Sárvár und Felsövidek 52 f.

Tasso, Torquato 48, 57
Tengbom, Ann-Mari *124,* 128, 133 f., *133, 134, 136*
Tengbom, Ivar J. 128

Victoria, Königin von England *81, 83,* 86, 87, 88, 89

Victoria Adelheid, Herzogin von Sachsen Coburg undGotha *88*
Victoria-Luise, Prinzessin von Sachsen-Coburg und Gotha 80, *89*
Voltaire *34*

Webern, Anton von 97
Weizsäcker, Richard von 61
Wilhelm, Graf zu Schaumburg-Lippe 14, 22, 28, 29
Wilhelm, Prinz von Preußen *30, 40*
Wilhelm I., Deutscher Kaiser 38, 39, *39,* 42, 44, 61, 124, 131
Wilhelm II., Deutscher Kaiser 8, 9 f., 30, *30/31,* 39, *40, 41,* 44 ff., *44,* 88, *88,* 106, 128, 131

Zahn, Peter von *45*
Zeitler, Karl *82*

Sachregister

Aumühle 128, 137

Bad Abbach *58*
Baden 103, 104, 106
Bad Pyrmont 25
Baum, Jagdschlößchen 20
Bayern 9
Bayreuther Festspiele *61*
Berlin *8, 9*
– Pfaueninsel *38*
– Reichstag *9*
– Schloß Charlottenburg *6/7*
– Stadtschloß *2/3,* 8
Böhmen 59, 92, 97
Brüssel 58
Bückeburg 11, 14, *14/15,* 22, 23, 25, 28 f.
– Schloß 20, *21,* 22, *26/27,* 27, 29, *138/139*
Burgherrentreffen 73

Callenberg, Schloß 83, *83*
Coburg 86, 87, 90

»Deutsche Multiple Sklerose Gesellschaft« 25
»Deutsche Muskelschwundhilfe« 135
»Deutscher Rennverein für Arabische Vollblüter« 94
Deutscher Ritterorden 35
Donaueschingen 96, 97, 106
– »Donaueschinger Musiktage für zeitgenössische Tonkunst« 97, 100
– Fürstenberg-Brauerei 105 f.
– Schloß 96, *96, 97, 98, 98/99, 99, 100, 100/101,* 102, *102,* 105 f.
– Turnier 102, *102*
Donauquelle 106

Doorn *41,* 44, 46
Dreißigjähriger Krieg 59, 74
Dresden 108, 112 f., *112, 113, 114/115,* 118, 120
Drittes Reich 6

Ehrenburg, Schloß *86, 86/87, 88*
Emmeram, Schloß *48, 48/49, 52/53*

Fischerhude *46, 46/47*
Friedenstein, Schloß *87*
Friedrichsruh, Schloß 122, 124 f., *126, 127, 128/129,* 131, 133, 136
– Schmetterlingshaus *126,* 134 ff.
Fürstenberg, Burg 96
Fürstenhäuser 6, 8 ff.
– Bismarck 5, 122 ff., *122 ff.*
– Fürstenberg 4, 92 ff., *92 ff.*
– Hohenzollern-Sigmaringen 4, 64 ff., *64 ff.*
– Preußen 5, 30 ff., *30 ff.,* 73
– Sachsen 5, 108 ff., *108 ff.*
– Sachsen-Coburg und Gotha 5, 8, 78 ff., *78 ff.*
– Schaumburg-Lippe 4, 14 ff., *14 ff.*
– Schleswig-Holstein-Sonderburg-Glücksburg 8
– Thurn und Taxis 5, 48 ff., *48 ff.,* 104

»Genealogisches Handbuch des Adels« 9 f.
Gestapo 76 f.
»Gotha« 9, *10/11*
Grein, Schloß 82, *84/85*

Habsburger Reich 58
Haifa 47
»Hauschef-Treffen« 11, 77
Heiligenberg, Schloß *95, 104, 104/105,* 105, *106, 107*
Heiliges Römisches Reich Deutscher Nation 10
Hohenzollern, Burg 9, *37,* 38, *43,* 46, 72 ff.
Hüfingen 105

Jerusalem *44, 45,* 46 f.
Josefslust, Landhaus 69

Königgrätz 61
Krauchenwies, Schloß 69, 76
Kuba-Krise 69

Laucherthaler Hüttenwerke 68
London 25, *28*

Malteserorden *13, 77*
Marbella *135,* 136 f.
Mediatisierung 10, 103
Meißen 108, 116
– Porzellanmanufaktur 116, *116,* 117

Moritzburg, Schloß *111*
München *13*

Nationalsozialismus 12, 76 f.
New York *29*
Nibelungenlied 100
Nürnberg *82*

Österreich 20, 59, 92, 97
Orden vom Goldenen Vlies *96,* 104

Paretz, Gut 38
Pillnitz, Schloß *108/109*
Prag 97
Pretzsch, Schloß 118

Reformation 59
Regensburg *48/49,* 61, 62
Reichenau (Insel) 71
Reichsdeputationshauptschluß 10
Reinhardsbrunn, Schloß *80, 86,* 87
Rosenau, Schloß 86, *87*

Sachsenwald 124, 131, 134, 136
Saint-Paul-de-Vence *77*
Sanssouci, Schloß *36/37, 40*
Schaumburger Wald 20
Schönhausen, Schloß *124,* 130, *131*
Schwarzer Adlerorden 104
Sigmaringen 66, 68, 76, 111
– Schloß *64/65, 66, 68, 70/71, 72, 73,* 74, 76
»Steinhuder Hecht« (U-Boot) 22
Steinhuder Meer 22
Stendal 122
St.-Georg-Orden 104
Stolpen, Burg 118, 119, *119*
Stühlingen, Schloß 105

Thurn-und-Taxis-Post 48, 56, *56,* 57 ff., 61

Umkirch, Schloß 69
Ungarn 59
Urach 96

Versailles 9
Veste Coburg *78, 78/79, 82,* 83, *86*
Vichy-Regime 76

Weimarer Republik 6
Weimarer Verfassung 11
Weltkrieg, Erster 8, 9, 44, 104, 118
Weltkrieg, Zweiter 89, 97, 112 f.
Westfälischer Frieden 29
Wiener Kongreß 103
Wilflingen, Schloß 76
Wilhelmstein, Festung 22, *22,* 29
Wittenberg 58 f., 115, 116
Württemberg 9, 72, 100, 103

Bäsig, M. Frank-Michael, Friedrich Christian Markgraf von Meißen, Dresden 1995.

Brockhoff, Evamaria; Henker, Michael (Hg.), Katalog zur Ausstellung »Ein Herzogtum und viele Kronen – Coburg in Bayern und Europa«, Augsburg 1997.

Cowles, Virginia, Wilhelm II., Frankfurt am Main 1976.

Dresden – Die Kunststadt, München 1998.

Engelberg, Ernst, Bismarck – Urpreuße und Reichsgründer, Berlin 1985.

Gall, Lothar (Hg.), Otto Fürst von Bismarck, Die großen Reden, Berlin/Wien 1984.

Gaxotte, Pierre, Friedrich der Große, Frankfurt 1986.

Häusler, Josef, Spiegel der Neuen Musik – Donaueschingen, Kassel 1996.

Haus der Geschichte Baden-Württemberg; Staatsarchiv Sigmaringen (Hg.), Preußen in Hohenzollern, Sigmaringen 1995.

Hirth, Peter; Klieme, Günter, Meißen, München 1992.

Korff, Gottfried, Preußen – Versuch einer Bilanz (5 Bände), Berlin 1981.

Kretschmann, Georg, Das Silber der Wettiner, Berlin 1991.

Kretschmann, Georg; Syndram, Dirk, Katalog zur Ausstellung »Der Schatz der Wettiner«, Leipzig 1997.

Kronprinz Wilhelm, Erinnerungen, Stuttgart/Berlin 1922.

Löns, Hermann, Duodez, Rinteln 1974.

Mermaz, Louis, Die Hohenzollern, Lausanne 1970.

Mommsen, Wilhelm, Bismarck, Reinbek 1966.

Opitz, Eckardt, Die Bismarcks in Friedrichsruh, Hamburg 1990.

Pellender, Heinz, Chronik der Stadt und der Feste Coburg, Coburg 1989.

Preußen, Louis Ferdinand von, Im Strom der Geschichte, München 1983.

Preußen, Louis Ferdinand von, Erbe und Auftrag, München/Wien 1987.

Reiser, Rudolf, Die Thurn und Taxis – Das Privatleben einer Fürstendynastie, Regensburg 1998.

Reuter, Hermann, Otto von Bismarck – Spuren und Wirkungen (Reihe: Bibliothek der Bismarck-Geschichte in Stendal e. V.), o. O., o. J.

Ritthaler, Anton, Die Hohenzollern, Moers 1979.

Sachsen, Albert von, Die Wettiner in Sachsen und Thüringen, Schriftenreihe des König-Friedrich-August-Instituts zur Sächsischen Geschichts- und Kulturstiftung e. V., Dresden 1996.

Sachsen, Albert zu, Die Wettiner in Lebensbildern, Köln 1995.

Sächsische Schlösserverwaltung (Hg.), Sachsens schönste Schlösser, Burgen und Gärten, Dresden 1995.

Schwarzmüller, Theo, Otto von Bismarck, München 1998.

Staatliche Kunstsammlungen Dresden/Königsschloß und National-Museum Warschau (Hg.), Katalog zur Ausstellung »Unter einer Krone«, Berlin 1997.

Steinwascher, Gerd; Seeliger, Matthias, Bückeburg, Düsseldorf 1992.

Stribrny, Wolfgang, Der Weg der Hohenzollern, Limburg an der Lahn 1981.

Wieden, Helge bei der, Schaumburg-Lippische Genealogie, Melle 1975.

Zimmermann, Ingo, Sachsens Markgrafen – Kurfürsten und Könige, Berlin 1990.